国際社会学と日本

A Step to International Sociology

KAJITANI Motohisa

梶谷　素久

学文社

序　文

　本書は，1980年代に国際的に定着した International Sociology（国際社会学）の動向からみて，日本の社会学が過去半世紀にわたり，国際的動向とどう関わってきたかを考え直す一助となることを願って編集された。社会学は，学問を総称する Arts and Sciences の中では Art〔学術〕の部類に入るものである。これは1982年の国際社会学会（ISA）の第10回総会に合せて刊行された論文集 *Sociology: the state of the Art*（Tom Bottomore et at., Sage Publications）のタイトルにも明示されたところであり，同書の内容も International Sociology と呼ぶべきものであった。

　同じ1982年の総会で，ISA の会長に選出されたフェルナンド・カルドーゾは，新しい公式機関誌として，*International Sociology* の創刊にこぎつけた。1986年3月に出された創刊号の巻頭で，カルドーゾはこの機関誌が「自身の民族的・文化的伝統に動機づけられた（motivated）人々の論文を掲載することを優先し，それらの総括によって読者に，現代社会学をよりグローバルで包括的に見ることを助ける」と，発刊の目的を記している。つまり「国際社会学」というのは，社会学の中の一分野とか，一科目とかに限定されない，グローバルな社会学の状況を示すものである。

　International Sociology を素直に訳せば，「国際社会学」となるのは当然であるが，この語句は1982年の ISA 総会でも，「社会学の国際的状況」を示す用語として使われていたし，会場でも同じ用語を何度も耳にした。私が編集・監訳した『国際学会論集・社会学の歴史』（学文社・1989）では，社会学の一分野と誤解されないよう，「国際的社会学」と訳してある（伊藤公雄訳，p.16；原文は Dirk Käsler, Evolutionism in Early German Sociology, the 10th World Congress of Sociology, 1982）。

　ところがその12年後に，日本以外は通用しない「国際社会学」が，梶田孝道

氏の編著で Trans-national Relations という副題を付して（名古屋大学出版会，1992年），はじめて単行本の題名として登場した。その内容を見れば，むしろ副題の方が，氏が「少数民族」という文脈で用いるキーワード「エスニシティ」を反映しており，「インターナショナル」の概念とは似て非なるものであるから，梶田氏も上記のような副題をつけたのであろう。ところが放送大学のテキストとして，単著『国際社会学』が副題なしで出版されると（放送大学教育振興会，1995），この日本語から国際語に反訳できない用語が，あたかも一種の科目か専門分野を示すかのように錯覚され，普及することになった。その翌年に出版された論文集『国際社会学のパースペクティヴ』（東京大学出版会，1996）は，民族と文化を分析し，ヨーロッパを主たる対象とした，当時ではタイムリーなものであるが，多様な「ヨーロッパ論」の共通性には注目しているものの，「国際社会学」理論や「パースペクティヴ」が特に示されているわけではなく，タイムリーでカレントな事例を示すに止っている。

ISA の *International Sociology* の創刊号で，カルドーゾ会長が示した方針をみても，国際社会学とは一定の体系性をもつものではないが，梶田氏の「国際社会学」はどうであろうか。'60年代前半まで大学院にいた私の世代までは，理論的体系からみれば，高田保馬の著作がまず念頭に浮かぶのは，ごく自然なことである。最近出された理論社会学者の富永健一氏の著書『戦後日本の社会学：一つの同時代学史』でも，高田の『世界社会論』(1947) が再評価されている（東京大学出版会，2004，pp.55-7, 418）。富永氏のような理論社会学者が見ても，私のような歴史研究者が見ても，確かに高田の『世界社会論』は，基礎社会が国家を超えて拡大するという，「拡大縮小の法則」に基づいており，アダム・スミスを先駆者として，恩師米田庄太郎が親しく教えを受けたタルド及びギディングズの理論からも導き出されるものである。「世界社会」を構成するのは個人であり，国家ではない。ISA はこの原則を採る一方，各国の全国学会からの立候補者の中から選ぶ選挙区と，会員個人が自由に参加できる研究委員会（RC）選挙区との二本建てで運営されている。いずれにせよ，*International*

Sociology の内容を形成するのは，個人に他ならないのである。

　本書は，絶版などの事情で入手が困難になった，過去25年の単行本や訳書の中から，私がISA（国際社会学会）の研究活動に関与したテーマに関連した論稿を選択して編集したものである。カヴァーしている時期は，19世紀のスペンサー社会学の導入から，日本社会学会の"泰平の眠りを覚ます"2002年のISA総会での，日本社会学会からの理事候補の落選など，国際的に通用する人材が乏しい「危機感はますます深まった」状況までであるが（上野千鶴子「グローバリゼーションと日本の社会学」『社会学評論』210号，p.123），ISA理事候補では1974年以前からも，人選には，問題があった（本書5章）。

　本書の第Ⅰ部は，単線的・普遍史的な社会進化論を排する立場から，1章でウェーバー的な近代化論に対する批判としての，従属理論・世界システム論の多様性をとりあげ，その国際社会学会におけるプレゼンスを，巻末に収めた1982年の第10回ISA総会における私の総括報告（付論，原文のまま）と共に示してある。報告者には，司会のフェルナンド・カルドーゾ新会長のほか，最初に報告したアラン・トゥレーヌ教授（フランス），私のあと最後に報告したニイル・スメルサー教授（アメリカ）の両大家が顔を揃えていた。1980年のパリにおける社会科学史会議で大会のテーマ「社会学の理論と実践」について報告したことがあるが，総会のテーマ「社会学理論と社会的実践の現況」の総括報告者に選ばれることなど夢想もしていなかった。後で聞いたところでは，私を推挙したのはトム・ボットモア元会長だった。

　トム・ボットモアの国際社会学会に対する貢献については，本書第Ⅲ部5章に略述してあるが，さらに彼が関心を示した，日本の社会学者における，理論の受容と政治的志向における「二重思考」の問題に関わる諸問題は，本書の最終章となる6章でとりあげている。

早いもので，私が東京外国語大学で，はじめて社会学の講義を担当する機会を与えられてから40年になるが，翌年から担当した「比較新聞学」の教材としても使った『ヨーロッパ新聞史』が思わぬロングセラーになった（奥付参照）。
　1970年代には研究領域を拡大して，オックスフォードの英連邦研究所で大英帝国史を2年間研究する機会を与えられた。英文でまとめた草稿 *Press and Empire* の日本語版も出ている（『大英帝国とインド』）。著書として定評を得たものはすべて西洋近現代史に関するものであるが，1980年以降は史学の手法を用い，社会学を対象とした「社会学の歴史」の研究を，国際社会学会で始めた。
　第I部の諸論稿は1990年代に発表したものなど，絶版となっているものを改編したものである。第II部では，1990年の前半に UCLA へ客員教授として出講した折，マドリードで開催された ISA の総会で読んだペーパーが基になっているが，それに加えて，科学研究費総合研究（研究代表　中久郎）の報告書となる「スペンサーの影響に関する戦前の考察」の主要部分を，3・4章にわたって収めた。

　1980年代以降から顕著となったグローバル化の進行にもかかわらず，日本の社会学と国際社会学との関わり（かか）には，東アジア地域ではかなりの進展をみせたものの，基本的には1982年のメキシコにおける第10回総会までと，その20年後のブリスベーンにおける第15回総会まで，大きな変化はみられなかった。優れた研究成果も次々と公刊されたが，主に国内市場向けのものであり，英語などの国際語で書かれた資料や学者の研究を行っても，修士論文や博士論文は日本語で書かせるというシステムは相変らずであった。これら「非国際社会学」の問題については，拙稿「国際化と社会学教育」（高島昌二編『福祉と政治の社会学的分析』ミネルヴァ書房，2003）でも指摘しておいたので（末尾のみ本書6章章末），詳しくは同書をご覧頂ければ幸である。

　2005年6月8日　　　　　　　　　　　　　　　　　　　　　　　著　者

目　次

第Ⅰ部　近代社会学と国際社会学 ……………………………………… 1
　1章　近代世界システムとラテンアメリカ ………………………… 3
　2章　ウェーバーと社会学の百年 …………………………………… 21
　　付録Ⅰ　近代社会学の対概念 …………………………………… 39

第Ⅱ部　近代社会学と日本 ……………………………………………… 57
　3章　スペンサーと日本社会学の形成 ……………………………… 59
　4章　戦前の日本社会学とシカゴ学派 ……………………………… 81

第Ⅲ部　国際社会学と日本 ……………………………………………… 97
　5章　ボットモアと国際社会学会 …………………………………… 99
　6章　社会理論受容の問題 ……………………………………………109
付　論　社会学の理論と実践
　　　　――第10回世界社会学会議の総括報告―― ………………127

社会学年表　1851～1998 ………………………………………………131
Who's Who in the World, 1999～2005 ………………………………163

人名索引 …………………………………………………………………172

各章初出一覧

1章　フランクと世界システム論，児玉幹夫編著『社会学史の展開』学文社，1993の本文に，追加・省略を行って増補
2章　M. ウェーバーとドイツ社会学，児玉幹夫編著（前掲）に加筆・増補
　付録　社会学用語集，『社会学の進化』経済春秋社，1992，から抜粋

3章前半　世界社会学会議（World Congress of Sociology 1990）報告の邦訳（enlarged edition in J. Langer ed., *Emerging Sociology* Ch. 2, 1992）
3章後半　スペンサーの影響に関する戦前の考察，「国際的視点から見た戦前期日本社会学にたいする総合的研究」（研究代表　中久郎）1996に加筆・増補
4章1　前掲3章後半論文の冒頭
4章2　ヴィジュアル社会学の再生，*GLOBAL AGE*〔外務省後援広報誌〕1987年第2号，アメリカ社会学と日本，同誌1988年第3号−第4号，「アメリカ社会学の形成」共編著『現代社会学グローバル』御茶の水書房，1991，を基に編集・改稿

5章　本書初出
6章　「訳者付論」，T. B. Bottomore, *Sociology as Social Criticism*（Allen & Unwin, 1975）『社会学の課題—Sociology as Social Criticism』梶谷素久訳，誠信書房，1980の主要部分を改稿

付　論　和文解説は「在外研究報告書」第8号，名城大学，1982, pp. 1-5
年　表　前掲『社会学の進化』の年表に，若干の追加・省略を行って復刻

第Ⅰ部　近代社会学と国際社会学

1章　近代世界システムとラテンアメリカ

　1982年メキシコ市で開催された国際社会学会（ISA）第10回世界社会学会議の統一テーマは「社会学理論と社会的実践」であった（付論参照）。大会ではラテンアメリカの「従属理論」学派として一家を成したブラジルのカルドーゾ（Cardoso, F. H.）がISA会長に選ばれた（pp. 6, 16参照）。
　「近代化」論は，19世紀以来の社会学の中心的関心事であっただけでなく，すでに18世紀のアダム・スミス（Adam Smith, 1723-90）の『諸国民の富』（1776）にみることができる。しかし本章でとりあげるべきスミスの先駆的意義は，同書の最初の3章で展開された分業論ではない。むしろその分業が生み出した，恐るべき不幸の「世界システム」の性質とその歴史的要因こそ，彼の注目したところである。[1]

　　コロンブスの企ての後に行われた新世界でのスペイン人の他のすべての企ては，同じ動機に発したもののように思われる。それは金への渇望であった。……（しかし）イギリス，フランス，オランダ，デンマークの植民地では，これまで何も発見されなかった。少なくとも，働かせるに値すると今日想定できるものは何も発見されなかったのである。……
　　したがって，スペイン植民地は，それが最初に建設された時から，母国の注意を大いに引きつけたが，他のヨーロッパ諸国の植民地は，長い間はなはだしく無視されていた。前者は，この注意の結果，より繁栄したわけではなかったろうし，後者も，この無視の結果，より衰退したわけでもなかったであろう。[2]

　いわゆる「従属理論」の代表的理論家だったアンドレ・G. フランク（A. G. Frank, 1929-）は，これを後世の「ピューリタン命題」，「つまり南アメリカの

放縦で怠情な信条に対する北のプロテスタント倫理という命題に関してかなり疑いを投げかける」と指摘している。フランクは，マックス・ウェーバー(M. Weber, 1864-1920)も意図しなかった，文化と歴史の一面的な「唯物史観」に代えて，「これまた同じく一面的な，文化と歴史の唯心的な因果的説明を定立する」，アメリカの「ウェーバー主義者」の「議論のエッセンス」を，漫画の実例で示している。

　すなわち，漫画家は，学者のイデオロギー的確信（しかし科学的主張ではない）を分けもって，熱帯の太陽の下で（カトリック）教会の壁にもたれながら長い昼夜をむさぼっている怠情なメキシコ人を描いて，いわく，これが「低開発」である。この男にピューリタン精神さえあれば，この国は彼らの国のように発展しているであろうのに！　というわけである。

漫画には，メキシコが「低開発」であるのは，「彼らの国」＝たとえば英米が「先に進んだから」ではないか，という視点が欠落している。いわゆる「近代」のはじめから，世界は単一の「世界経済」システムとして機能してきたのではないか。インドもメキシコも，英米と同様に「世界経済」の構成要素として共通の世界史を形成してきたとすれば，その構成要素の間には，質の差はますます拡大したとしても，歴史の進度の差を想定するのは間違っているということになる。私が「従属理論」について知ることができたのは，1972年にオックスフォードの研究所で知り合った，南米の外交官からであった。

1　ラテン・アメリカにおける低開発の考察

　現代の「低開発」は15世紀末以降，ヨーロッパの「中心」地域の経済を補完する役割を与えられてきた，「発展途上国」を位置づけられた歴史的所産に他ならない。「中心」の一部の地域に機械による工業が成立してからは，この分業体制は世界的に拡大した。現在の発展途上国の状態は，この世界的分業体制

下に形成されたものであり,「先進諸国の過去とは少しも似ていない」[5]。

社会学の「近代化論」は,どの国民国家も遅かれ早かれ「伝統社会」から「近代社会」へと単線的発展をとげると考えてきた。「先進」対「後進」,および「低開発」(under development)や「開発途上国」(developing countries)という用語自体が,そうした前提なしには考えられない発想だったわけである。

1960年代に入って,フランクをはじめとするラテンアメリカのマルクス主義的政治経済学者が「従属理論」を提唱してからは,「近代化論」のイデオロギー性が根本的に疑われるようになったのである。特にチリのサンチャゴには,ユネスコの援助で大学院教育を行うラテンアメリカ社会科学大学が1958年に設立された。またチリ大学はフランクを擁し,ルイ・マウロ・マリーニ(R. M. Marini)らを加えて,サンチャゴは正に「従属理論」の牙城の観を呈した。1973年のピノチェト将軍による軍事クーデターで,フランクはドイツに帰国し,社会科学大学はアルゼンチンに難を避け,75年以後はメキシコに落着いた。

60年代のフランクの理論は,世界経済＝資本主義の「中枢」(metropolis)が,「衛星」(satellite)地域の収奪を通じて,前者に経済発展と富を,後者(ラテンアメリカ)に低発展と貧困とを同時にもたらしたという「低開発の発展」(Development of under development)のテーゼを提示し,従来の近代化論と同様に進化主義的マルクス主義の理論を「通時的独占性」,つまり資本主義発展の全段階を通じての,歴史貫通的な資本主義の帝国主義性という視座を提示したが,これに対して正統派マルクス主義者から批判が出たのは当然として,ラテンアメリカの植民地時代を封建制と規定する側からの批判も現れた[6]。

フランクの二極構造論では,中枢による衛星からの経済的「余剰」の収奪は,マルクス経済学の示した,発展(自由主義,帝国主義,国家独占資本主義)段階と,それによる形態の変化とは無関係に,世界システムそのものの中に通時的に組みこまれていることが強調される。しかし資本主義は,歴史上さまざまな形態の分業関係を創出してきたのであって,中枢＝衛星(または中心＝周辺)の構造も,必ずしも一様な形態で通時的に存在していたとはいえない。そうし

た新たな特質をもつ構造を生み出す動力を「生産様式」の変化に求める立場からの批判が現れたのも当然であろう。

またこれに関連して,ブラジルの「従属理論」の一方の旗頭であったT.ドス・サントス(T. Dos Santos)などからも,「従属」とは単なる外的関係ではなく,ある種の国内構造を形成する一条件であるから,「中枢＝衛星」関係論だけでは機械的決定論になると批判された。ドス・サントスは1970年の論文「従属の構造」において,ラテンアメリカ諸国内の生産構造が,世界資本主義の生成と拡張の下で,いかに歪曲されて形成されたかを,植民地時代から今日に至るまでの「従属」の歴史的形態に即して分析した。その形態は,

1. 輸出＝商業植民地的従属（19世紀まで）
2. 金融＝産業的従属（19世紀末～第二次大戦）
3. 技術＝産業的従属（第二次大戦以降）

であるが,ここで彼は,国内の生産システムの再生産が,従属の生産＝再生産過程と不可分の関係にあることを明らかにしている。[7]

ブラジルのもう一人の代表的「従属理論」学者であるフェルナンド・カルドーゾ(F. H. Cardoso)は「従属的経済システム」を成り立たせている社会的要因に注目し,独立以後のラテンアメリカの歴史的発展を,統一的に総合し再構成しようとした。そこでラテンアメリカ諸国は,(1)独立後,比較的強力な「国民国家」が形成され,国内の支配者層が輸出向け生産部門を握っている国々（南米諸国）と,(2)国内の支配者層が弱体で,輸出向け生産部門が外国資本に握られている結果,港湾と生産地の「飛び地(enclave)」経済を形成している国（中米・カリブ・アンデス諸国）とに二分した。[8]その上で,カルドーゾは1973年の論文「連携従属的発展」のなかで単にフランクのいうような「低開発の累積」のみならず,一定の国内市場の形成と階段間の同盟による安定した政体を維持している国々（たとえばブラジルやメキシコ）では,国家と現地ブルジョアジーが多国籍企業と結合し,それに依拠しながら発展していく「連携従属的発展」(Associated-Dependent Development) という形態が存在すること

を示唆している。[9]

このようにフランクの理論は，正統派マルクス主義者の側からも非マルクス主義者の側からもその不備を指摘されたが，従属理論が今日の，特にラテンアメリカ社会学の方向づけの上で果たした，建設的・批判的な役割は，1974年にコスタリカのサンホセで開かれた，ラテンアメリカ社会学会の創立25周年記念大会でも高く評価されている。[10]

最後に，フランクの「従属理論」の形成に寄与したと思われる，ロドルフォ・スタベンハーゲン（R. Stavenhagen）の論文「階級，植民地主義と蓄積」(Clases, colonialismo & accumulacion, 1963) は中米の国内植民地主義（Colonialismo interno）という概念から近代化論を批判し，フランクの最初の著作 (1967) にもしばしば引用されていることを指摘しておきたい。[11]

2 資本主義世界システムの形成

こうして1970年代以降の「新従属理論」は，低開発地域における「従属」の具体的（歴史的起源を求める）分析の努力を重ねてきた。フランク自身も，チリを離れた後は，単一の世界システムとしての資本主義の，経済的・社会的・政治的側面の具体的な歴史研究に重点をおいてきた。いわば彼自身が「新従属理論」派の一人となったともいえよう。その一つの例が，資本主義の「段階」区分である。

すでに言及したとおり，フランクは資本主義の「通時的独占性」を提示して，従来のレーニン流の「帝国主義論」的な資本主義発展の段階論に疑問を投げかけたのであるが，1960年代後半から70年代にかけて「従属理論」に対する批判はますます強まってきた。1978年にフランクが公刊した『従属的蓄積と低開発』の序文でも，フランクは次のように書いた。

　同時に，本書の著者やその他の人々による従属の分析はますます強まる批判の対象となった。われわれのアプローチは，(1)「内的」生産様式を事実上

排除して「外的」交換関係を強調した。(2)ラテンアメリカと世界の種々の部分における相違ないし異なる発展段階を適切に考慮しなかった。(3)中枢の経済発展と従属的周辺の低開発とを共に単一の過程の部分として分析するような,資本蓄積の世界的規模での歴史的過程の弁証法的動態的分析を実際には行わなかった,と批判者たちは論じた。最も共通した批判は(1)の点であり,それは本書の第二次草稿へのジョバンニ・アリギ(Giovanni Arrighi)の批判においてもくりかえされた。……(3)の批判は,なかんずく著者自身の自己批判であって,それは『ラテンアメリカにおける資本主義と低開発』への前文の中ですでに述べた私の確信,すなわち単一の世界資本主義体制 The single world capitalist system の歴史的発展を研究せねばならないという信念を示すものであった。[12]

フランク自身がここでは述べていない(2)の「発展段階」に関しては,彼自身が同書の構成を,マルクス主義者としてはむしろオーソドックスな,重商主義・産業資本主義・帝国主義の3段階説に沿って行っている。かのサミール・アミン(S. Amin)の場合も同様の3段階説,すなわち重商主義,発展した(achevé)資本主義・(独占段階の)帝国主義の3段階を設定している。[13]

フランクの示す発展段階の時代区分を,同書の目次に従って示せば,Ⅱ(世界資本主義・貿易類型・生産様式)1500-1770年,Ⅳ(産業革命とパックス・ブリタニカ)1770-1870年,Ⅵ(帝国主義とアジア・アフリカ・ラテンアメリカにおける生産様式の転形)1870-1930年,である。

同書でのフランクの用語法は,特に説明もないままに正統派マルクス主義のやり方を踏襲している。オーソドックスな3段階区分をそのまま承認しているのは,正統派マルクス主義からの批判を受けいれたためであろうが,その結果帝国主義の「通時的独占性」という,初期のユニークな視座の意義が薄れてしまった。実はこの点が,初期のフランクらの「従属理論」と,1970年代以降の「新従属理論」を分けるポイントであると思われる。

1章　近代世界システムとラテンアメリカ　9

　なお「周辺」からみた歴史的分析には，エリック・ウィリアムズ（E. Williams）による『資本主義と奴隷制』（初版1944）という先駆的業績がある。彼はイギリスの産業革命と資本主義の発達が，ピューリタンによる「自生的発展」などとは程遠い，黒人奴隷の血と汗の結晶であることを，豊富な資料を用いて実証している（この「ウィリアムズ・テーゼ」については次節で言及する）。[14]

　フランクやアミンらの新「従属理論」＝世界システム論の立場は，なお第三世界＝「周辺」からの発想であって，「中枢」の歴史的分析にはなお不十分なものがあった。それを補うものが，ウォーラースティン（1974-）による大著『近代世界システム』であろう。[15] 彼はフランクからの「従属理論」の「中枢」―「衛星」（周辺）の二極構造論を，フランスのアナール派の総帥フェルナン・ブローデル（F. Braudel）が『フェリペ二世の時代における地中海と地中海世界』（1949，再版1966）で提起した「中心・半周辺・周辺」の三部構造論に置きかえる。[16] 彼もマルクスが指摘した「世界商業と世界市場とは，16世紀に資本の近代的生活史を開く」という見解を基本的に受けいれつつ，「長期の16世紀」すなわち「1450年頃から1640年頃まで」を，新たな「ヨーロッパ分業体制」―「世界経済」の成立期，すなわち近代世界システムの第Ⅰ期とする。この「近代世界システム」は，政治的な統合を欠く「世界経済」であって，単一の分業体制の下で政治的にも統合された「世界帝国」とは区別されている。[17] このシステムを「世界帝国」化しようとするハプスブルク，ヴァロア両王朝の企図は，この「長期の16世紀」の後半に失敗に終わる。

　ウォーラースティンの説くところでも，いわゆる「近代」を生んだのは，西ヨーロッパの対外進出による，新世界や東エルベ，ポーランド，ハンガリーなど東欧地域の「辺境」化であり，ルネッサンスでも宗教改革でもない。したがって，プロテスタンティズムが「中核」地域に浸透し，ポーランドやラテンアメリカの「辺境」にカトリシズムが定着したのは結果論にすぎない。たとえばロシアは（東欧諸国とは違って），東方や南方との交易によって独自の経済圏を形成しており，この意味では「近代世界システム」，つまり「ヨーロッパ世界

システム」には属していなかったから,ピョートル大帝の欧化政策で世界システムに組みこまれても,ポーランドのような「辺境」ではなく,直ちに「半辺境」として組みこまれることになる。ロシアは,第一次大戦末期の革命によって,一時的にこのシステムから離脱してシステム内の地位を向上させたかにみえたが,非生産的な軍拡競争で再び「半辺境」となった。

ウォーラースティンが1980年に上梓した第2巻では,1640年頃から1815年にわたる,世界システムが強化されていく第Ⅱ期が扱われている。この期間に「ヨーロッパ世界経済」の中核国家として,イギリスだけが生き残ることになる。重商主義を武器として覇権を争った中核国家のうち,オランダとフランスが脱落していき,「パックス・ブリタニカ」(Pax Britannica, イギリスによる平和)の時代を迎える。これが第Ⅲ期の産業資本主義の時代であり,「世界経済」の全地球的な規模への発展の時代である。こうして成立した「資本主義的世界経済」が,一層強化されていく1917年以後が,現代の世界システムとされる。

3 産業革命とパックス・ブリタニカ

商業資本主義＝重商主義の時代とよばれる17〜8世紀の,イギリス・アフリカ・西インド諸島相互間の「三角貿易」は,イギリスの産業革命に決定的な意味をもったとされる。同時代のアダム・スミスも「われわれの西インド植民地のどこの一つの砂糖プランテーションの利潤も,ヨーロッパやアメリカで知られているどんな他の耕作の利潤よりも,一般にはるかに大きい」と,植民地貿易を激しく非難している。

エリック・ウィリアムズ以前の資本主義発生史の研究では,マルクスの「資本主義の前提としての世界市場」という指摘に言及することはあっても,ほとんどがピューリタン的(ニュー)イングランド社会の自生的な発展という歴史的文脈に沿って進められてきた。資本主義の対外的拡大も植民地支配も,そうした発展の結果として把握されることになる。ウェーバー流の「プロテスタント命題」によるアプローチも,英米の資本主義の「自生的発展」を自明のこと

とみなしている点では同じことである。いわゆる「ウィリアムズ・テーゼ」は，伝統的な一国資本主義的（またはその延長としての二国間モデルによる）資本主義観に対する強烈な反証を提示している。

この三角貿易において，イギリスは——フランスと植民地アメリカも——輸出品と船を供給した。アフリカは人間という商品を，プランテーションは植民地の原料を，それぞれ供給した。奴隷船はマニュファクチュア製品を積みこんで本国の港を出た。積荷はアフリカ沿岸で黒人と交換して利益をあげ，黒人はプランテーションで植民地の産品と交換してさらに利益をあげ，その産品は本国に持ち帰られた。貿易量が増加するにつれ……三角貿易は，イギリスの産業に三重の刺激を与えた。黒人はイギリス（および東方の）製品によって購入された。プランテーションに送られた黒人は，砂糖，綿花，藍，糖蜜その他の熱帯産品を生産したが，その加工はイギリスに新しい産業を創出した。……1750年までに，何らかの形で三角貿易，ないし直接の植民地貿易と結びついていない商業都市や工業都市は，イギリスにほとんど一つも存

図1-1 18世紀中葉の資本主義世界システム

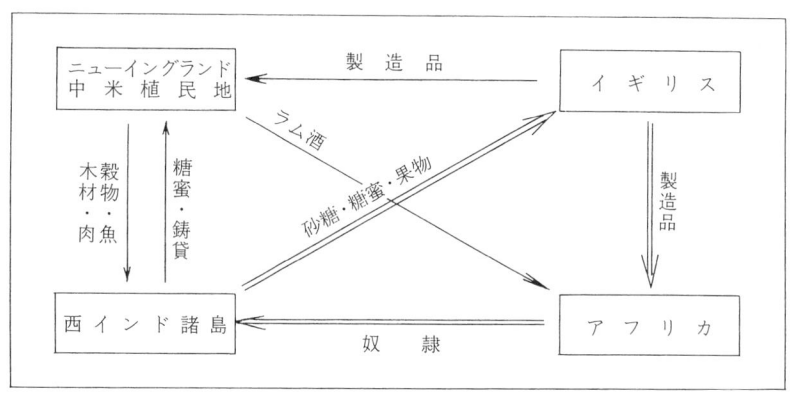

出所）Faukner, H. V., *American Economic History*, 5th ed., 1943, p. 82. 森田桐郎・宮崎犀一・奥村茂次編『近代国際経済要覧』東京大学出版会，1981，p. 60より。なお，「イギリスからアフリカへの製造品貿易」をE. ウィリアムズの指摘に従って付加した．1500−1810年の間にアフリカから送られた奴隷は，950万人にも及ぶ。
（同上，p. 3）

在しなかった。こうして得られた利益は，イギリスにおける産業革命の資金需要をまかなう資本蓄積の主要な水脈の一つを提供したのである。[20]

図にもみられる通り，18世紀中葉の資本主義世界システムは，地域間の分業と労働力の強制的移動をセットにして成り立っていた。しかもその労働力は，アフリカの黒人という「周辺」の労働力であり，すでにマニュファクチュア段階において，資本が周辺の労働力を包摂する「世界システム」が形成された。

しかし18世紀も後半に入ると，東インドにおけるプラッシーの戦いにおける決定的勝利の後，東インド貿易のイギリスに対する寄与の比重が増大していく。1763年の講和条約で，フランスの影響力をインドから排除するのに成功したイギリスは，1776年のアメリカ植民地の独立後は，西インドから東インドに搾取の手を伸ばしていった。特にナポレオンとの戦争の終結後，世界の「中枢」，つまりイギリスとインドとの「交換」関係は，インド経済の奪工業化(de-industrialization)と，奪都市化(de-urbanization)をもたらした。インドの歴史家パーム・ダット（P. Dutt）によれば，「1815〜32年の間にインドの綿製品輸出額は，130万ポンドから10万ポンド以下に落ちた。インドは，16年間に貿易額の13分の12を失った。同じ時期にイギリス綿製品のインドへの輸出額は26,000ポンドから40万ポンドへ，すなわち16倍も増加した。……"ダッカ〔インドのマンチェスター〕の人口は15万人から3〜4万人に減少した"と，1840年にサー・チャールズ・トレヴェリアンは議会で証言した」[21]。『ザ・タイムズ』も，マンチェスターのインドでの利潤の追求には，最も手厳しい批判を浴びせている。[22]

国際投資でも重要な転換点となった，ナポレオンとの戦争が終わるまでは，イギリスの海外投資は一般的にヨーロッパ大陸よりも，インドや北米の植民地に向けられていた。ところが戦争終結後10年間に，イギリスの資本はヨーロッパ大陸諸国とラテンアメリカの政府債と鉱山業に投下されるようになる。1825年の恐慌後数年間は海外投資は停滞したが，1830年には再び活発化し，19世紀中葉までに建設されたヨーロッパと北アメリカ東部の幹線鉄道の資金の大部分

表1-1 主要国対外投資の推移　(1825-1960年)　(100万ドル)

	1825	1840	1855	1870	1855	1900	1914	1930	1945	1960
イギリス	500	700 a	2,300 (1,000, 2,900)	4,900 (3,700)	7,800 (6,200)	12,100	19,500 (20,000)	18,200	14,200	26,400
フランス	100	300	1,000 (500)	2,500	3,300	5,200	8,600 (9,000)	3,500 (2,500)		
ドイツ	…	…	…	…	19,00	4,800	6,700 (5,800)	1,100		1,200
オランダ	300 (600)	200	300	500	1,000	1,100	1,200 (2,000)	2,300	3,700 b	
スウェーデン	…	…	…	…	…		100	500 (400)		
アメリカ合衆国	n	n	n	n (100)	n (400)	500 (700)	2,500 (3,500)	14,700 (15,200)	15,300	63,600
カナダ	…	…	…	n	n	100	200	1,300	2,000	5,900

原注）　a．1843年．　b．1948年，n＝negligible（微小）。
資料）　Woodruff, W., *Impact of western Macmilkan*, 1966, pp.150-151.
出所）　宮崎犀一・奥村茂次・森田桐郎編『近代国際経済要覧』東京大学出版会，1981.

は，イギリスからの投資によってまかなわれた。これはイギリスの産業資本が，その再生産循環を維持していくためにも欠かせない条件でもあった。[23]

　こうして七つの海と，隣接する欧米諸国の陸上のコミュニケーション・システムの資本を手中に収めたイギリスは，19世紀中葉から第一次世界大戦まで「パックス・ブリタニカ」の時代，つまり国際投資の黄金時代を迎える。[24]

　世界で最初に近代的国民経済，すなわち資本―労働という基本的生産関係に基づいた「完成した資本の世界」を形成していたのはイギリスだけであったともいえよう。しかしこの時期のイギリスが，自由貿易によって自国の市場を開放し，資本蓄積の基盤を海外に拡張しなければならなかったことは何を示しているのだろうか。当時は後に「中枢」に加わるドイツも日本も，国民経済の形成はおろか，近代国家としての政治的統一すら実現していなかったからであろうか。

　すでにみたとおり，イギリスの資本主義的生産の準備のための資本の本源的蓄積には，プランテーションによる初期（大西洋）世界システムの基盤が必要だった。資本主義的生産様式のすべての過程は，世界市場＝世界システムの形成を前提としてはじめて成立したのである。こうして確立した国民経済の維持

と発展をはかるためにも、イギリスは海外の市場の拡張に一層依存していく。

4 帝国主義と世界システム

こうして世界は二つの地域に大別された。すなわち中核たるイギリスと、それに遅れて近代的国民経済が成立した地域＝中心と、前近代的諸生産様式がその分解・再編にもかかわらず温存され、国民経済を成立させられなかった地域＝周辺の二つである。ウォーラースティンのいう「半中心」（半周辺）は、両者の中間的形態と位置づけられよう。

いわゆる帝国主義段階における世界システムには、イギリスをはじめとするヨーロッパ列強にアメリカと日本が加わって、中心部自体のシステムが変容したこと、なかでも欧米「列強」が世紀末から第一次世界大戦までの時期にその閉鎖的な勢力圏を基盤とした対立・抗争を展開したにもかかわらず、国際分業構造の多様化によって、一層グローバルなシステムの統一性と相互連関が強化された面がある。

周知の通り、イギリスは世界ではじめて機械制大工業に基づく資本制的な生産様式を確立した国であるが、その確立した資本主義的国民経済の維持と発展を図るためにも、世界システムの拡張に依存しなければならなかった。そのためには自由貿易による自国および海外市場の開放が何よりも必要とされたのである。[25] 他方、この時期におけるイギリスは、ヨーロッパ諸国との自由貿易を維持するためにも、植民地諸国地域との分業体制を再編成し、このために本国への食糧・原料供給地としての植民地・属領の役割を一層固定化させていく。ラテンアメリカでも、18世紀末には製造業生産から輸出用原料生産への転換が始まっていた。[26]

このように19世紀後半におけるイギリスの自由貿易主義は、「海外への組織的植民」をともなって、ますますイギリスの再生産と蓄積の必要に適応する形態に世界システムを再編成する役割を果たした。この再編成は「結果としての世界市場」の最終的確立の背景となったといえよう。ここで世界経済システム

の一層の拡大をもたらした要因としては、まず第一に「中心」の諸国の工業化の進展と、資本主義的生産様式の確立が、これらの諸国への「周辺」からの食糧・原料の供給量の増大と多様化を求める結果となったことである。第二に、こうした国際分業構造の拡大のため、世界の諸地域（国）を有機的に連結する多角的貿易と経済のネットワークが形成されたことである。第三に、前節でも指摘した通り、資本輸出（国際投資）が、世界システムの一体性を強化し、よりグローバルな有機的結合をもたらしたことである。1850年代から第一

表1−2　貿易の多角的決済の連環

地　　域	出超相手地域	入超相手地域
イギリス	な　し	ヨーロッパ 自　治　領 合　衆　国 低　開　発
ヨーロッパ	イギリス	自　治　領 合　衆　国 低　開　発
自　治　領	イギリス ヨーロッパ	合　衆　国 低　開　発
合　衆　国	イギリス ヨーロッパ 自　治　領	低　開　発
低　開　発	イギリス ヨーロッパ 自　治　領	な　し

出所）Frank、吾郷健二訳『従属的蓄積と低開発』1978, p.273.

次世界大戦までの国際投資は、イギリス（やや遅れてフランスも）によるものであったが、それはまずヨーロッパ大陸、次に北米大陸、最後にはインドやラテンアメリカなどの一部の地域の鉄道などの社会資本（social overhead capital）の整備、拡張を目的とする公債投資が大部分であり、「中心」諸国の工業化それ自体には直接向けられたものではなかった。

　この段階における世界システムの拡大と統一性の確保のためには、もはや貿易だけが唯一の方法ではありえず、国際投資がより重要な役割を担いつつ、相互補完関係を保つことが必要となったのである。世界システムの統一性と有機的な連関が分断されたのは、1930年代から第二次大戦に至る、列強による経済ブロック形成という短期間にすぎなかった。

　こうして確立された「世界システム」と分析の単位とし、一国史的なものの、

図1-2 ラテンアメリカの開発理論と従属理論の位置づけ

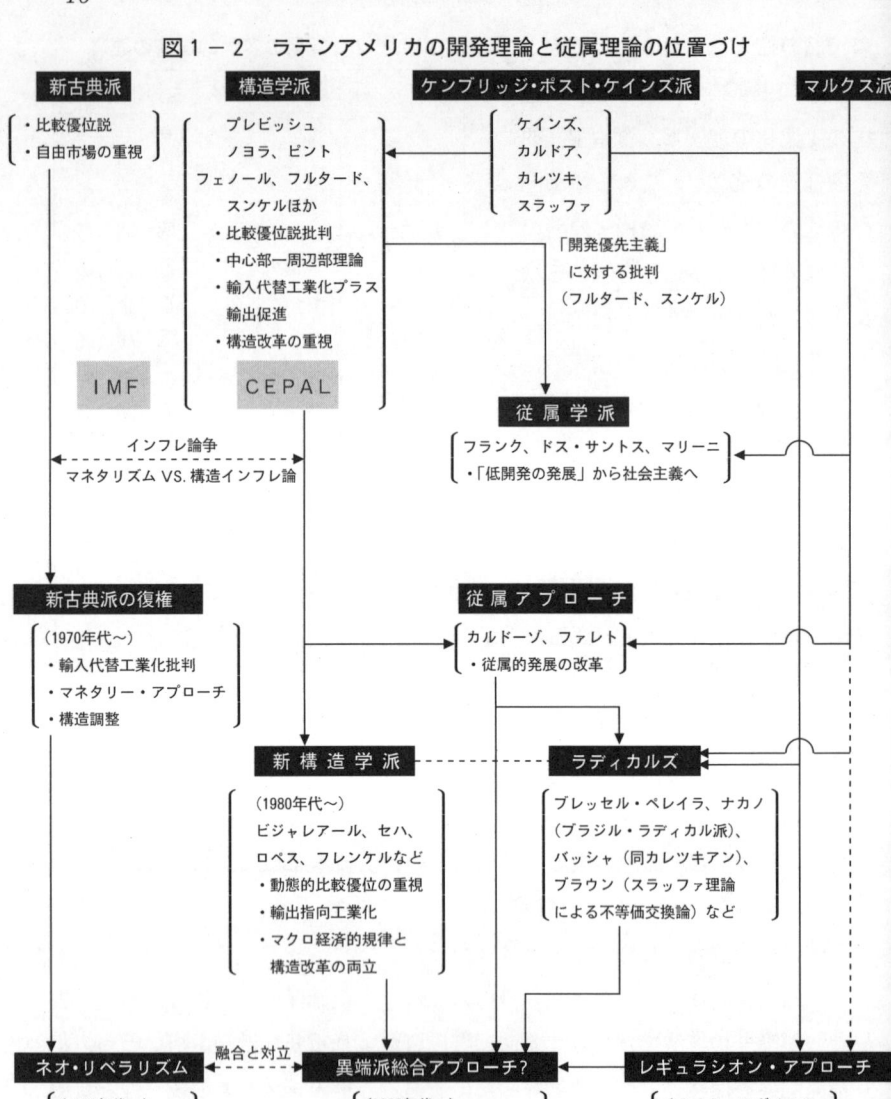

出所）佐野誠作製の図による。小池洋一ほか編『図説ラテンアメリカ』日本評論社，1999, p.71.

見方を排除しようとするフランクやウォーラースティンの理論には，数多くの批判も提出されている。「周辺」地域の側の問題については，注6）や第2節で紹介しておいたが，P. オブライエン（O' Brien）などは，「中心」と「周辺」の貿易量を，全体の貿易量と対比し，「中心への周辺への影響は，所詮軽微(peripheral)」とする。

また，フランクやウォーラースティンの理論は「流通主義」的で，一国内の階級関係・生産関係を棚上げした「システム論」がかかえる誤りに陥っているとする，V. ナバロ（Navarro）の批判は，マルクス主義者に支持されている。

しかし「先進」「後進」を同じスタート地点からのレースと錯覚してきた社会学の「近代化論」に比べて，フランクやウォーラースティンの「世界システム」論が，より歴史の真実に迫っていることは確かであろう。

フランクやウォーラースティンの理論は，自ら第一次資料に当ったものではなく，他人の研究に依存して組み立てられたものであるために，議論はどうしても大まかになっている。ラテンアメリカの社会学者たちの研究が「従属」や「周辺」の具体的・歴史的分析に向かうようになった一因も，フランクやウォーラースティンの行論への不満によるものといえよう。

しかし，重要なことは「それが一種のマルクス主義理論であるか否かということは，選択の必要に直面すべき問題とは思われない。唯一重要なことは，どんな説明上の命題とも同様に，現象に関する妥当な評価が行われ，それが他の，より一般性のある（総合的）社会理論とも矛盾していないこと」ではないだろうか。この点では世界システム論も，まだ「開発途上」の段階にあるが，近代の「時間」軸における「先進」と「後進」を，「空間」軸における「中心」と「周辺」に変換したに過ぎない論考も多い。章末には近年における多様な「従属アプローチ」や「開発理論」の展開を図示してあるが，これを見ても「従属アプローチ」を単に世界システム論の先駆としてのみ評価する社会学者の視野の限界を知ることができよう。

注

1) Adam Smith, *An Inquiry into the Nature and Causes of the Wealth of Nations*, Random House edition, 1937, (originally 1776), pp. 570-1.（大内・松川訳『諸国民の富』5 分冊，岩波文庫）
2) Ibid., pp. 528-34
3) A. G. Frank, *Development Accuimulation and Underdevelopment*, Macmillan, 1978.（吾郷健二訳『従属的蓄積と低開発』岩波書店，1980, p. 55)
4) Ibid., Chapter Ⅲ, 特に訳書 pp. 42-3, ウェーバーの所論については梶山・大塚訳『プロテスタンティズムの倫理と資本主義の精神』岩波文庫下巻巻末，pp. 249.
5) A. G. Frank, *Capitalism and Underdevelopment in Latin America ; Historical Studies of Chile and Brazil*, Monthly Review Press, 1967, 1969.（大崎正治他訳『世界資本主義と低開発』柘植書房，1976, p. 15.）
6) 1975年頃までのフランクの理論を批判した文献のリストは，前掲（大崎ほか）訳書巻末参照。「封建派」の批判としては，Ernesto Laclauh, Feudalism and Capitalism in Latin America, *New Left Review*, No. 67, 1971, pp. 19-38 など
7) Theotonio Dos Santos, The Structure of dependence, in *the American Economic Review*, Vol 60, No. 2, reprinted in *Imperialismo y dependencia*, Editiones Era (Mexico), 1978.（青木・辻ほか訳『帝国主義と従属』柘植書房，1983)
8) Fernando H. Cardoso & Enzo Faletto, *Dependencia y desarollo en America Latina*, Siglo XXI (Mexico), 1969.
9) F. H. Cardoso, Associated-Dependent Development ; Theoretical and Political Implications, Alfredo Stepan ed., *Authoritarian Brazil*, Yale Univ. 1973.
10) フランク理論の批判者である Agustin Cueva の Problemas y Perspectiva de la teoria de la dependencia en America Latina, *Devates Sobre la teoria de la dependencia y la sociologia latinoamerica* (Ponencias del XI Congreso Latinoamericano de Sociologia) San Jose, EDUCA, 1979.
11) Rodolfo Stavenhagen, Clases, colonialismo y accumulación ; Ensayo sobre un sistema de relaciones interétnicas en Mesoamerica, *America Latina*, Vol. 6, num, 4, 1963 ; do., *Sociologia y Subdesarrollo*, Editorial Nuestro Tiempo (Mexico), 1971.（山崎春成他訳『開発と農民社会』岩波書店，1981, あとがき参照）

12) Frank, op. cit., 1978, 前掲訳書 pp. xii-xiii.
13) Ibid., 前掲訳書 p. 13. Samir Amin の訳書は *L'accumulation a l' êchelle mondiale* (Anthropos, 1970). (野口祐訳『世界資本蓄積論―世界的規模における資本蓄積(第I分冊)』柘植書房, 1979. 第II・第III分冊は野口祐・原日金一郎訳. 柘植書房, 1979, 1982)
14) Eric Williams, *Capilalism and Slavery*, Capricon Books, 1966. (original ed., 1944)(中山毅訳『資本主義と奴隷制』理想社, 1968)
15) Immanuel Wallerstein, *The Modern World-System : Capitalist Agriculture and the Origins of the European World Economy in the Sixteenth Century*, Academic Press, 1974. (川北稔訳『近代世界システム』I・II 岩波書店 1981)
16) Fernand Braudel, *La Méditerranée et le monde mediterranéen àê l' epoque de Phillppe* II, 2 ed. 2 Vols. Libres Armand Colin, 1966. (浜名優美訳『地中海』藤原書店 5分冊)
17) Wallerstein, op, cit., 訳書 I . pp. 39-41.
18) ロシアと東欧については, *Ibid.*, Ch, 6. 参照. ウォーラースティンは両者の相違を(a)貿易の性格の差異―ロシアでは東方貿易の比重が大であったのに対し, 東欧の輸出は西欧向けの換金作物が主となっていた。(b)国家機構の強さとその機能の差―東欧では16世紀に国家権力が衰えた, (c)都市ブルジョワジーの差―東欧では都市が衰退したが, ロシアでは必ずしもそうではなかった―に求めている.
19) Adam Smith, op. cit., p. 366.
20) Williams, E., op. cit., pp. 51-2. 前掲訳書 pp. 62-3 訳文は若干修正した
21) Palme Dutt, *India Today*, People's Publishing House (Bombay), 1949, p. 114 (大形孝平訳『現代インド』岩波書店, 1956)
22) 拙著『大英帝国とインド―Press and Empire』第三文明社, 1981, p. 169.
23) 入江節次郎『イギリス資本輸出史研究』新評論, 1982, 特に p. 385.
24) 竹内幹敏「貿易と海外投資」, 米川伸一編『概説イギリス経済史』有斐閣 1986
25) 毛利健三『自由貿易帝国主義』東京大学出版会, 1978, pp. 127-9.
26) Frank, op. cit., (1978), 訳書 pp. 121-9.
27) O' brien, P., European Economic Development : the Contribution of the Periphery, *Economic History Review*, Vol. XXXV No. 1, 1982. これに対する論評としてはさし当り, 川北稔「ウォラースティンと近代ヨーロッパ」栗原彬他編『社会と社会学 I 』新評論, pp. 356-8.
28) Vincente Navarro, The Limits of the World Systems Theory in Defining Capitalist and Socialist Formations, *Science and Society*, Vol. XLVL, No.

1, 1982.
29) M. Kajitani, The Present Status of Sociological Theory and Social Practice : a Summingup for the 10th World Congress of Sociology. このスピーチの引用部分はフランクなどの従属理論や世界システム論を念頭に述べたものだが, この点に関する限り, 現在も同様の見解である. 本書6章1参照.

全体会 (Plenary Session 4) のパネリストに氏名されたメンバーは, 司会の Fernando H. Cardoso (ブラジル) のほか,

Motohisa Kajitani (日　　本)　　Neil Smelser (アメリカ)
Chavdar Kiuranov (ブルガリア)　R.Stavenhagen (ユネスコ)
Archie Mafeji (エジプト)　　　Alain Touraine (フランス)
Gennedy Osipov (ソ　　連)
T. V. Riabushkin (ソ　　連)

(10th World Congress of Sociology Mexico 1982, *Official Program*, p. 191)

なお, 近年の「グローバル化論」との係りについては, 本書第Ⅲ部第5章, 特に本文の末尾と註9を参照。

2章　ウェーバーと社会学の百年

1　ウェーバー社会学の形成

　マックス・ウェーバー（Max Weber, 1864-1920）の生きた時代は，ドイツ社会学の形成期でもあった。1871年のドイツ帝国の成立以降，いわゆる「近代化」の進行とそれに対する反発は，ドイツの初期の社会学者たちのテーマを支配していた。そして彼らの意識も，国家統一の強化という時代の基本的枠組みから大きく外れることはなかったのである。

　第一次世界大戦前のドイツでは，社会学はアカデミズムのなかで「リスペクタブル」な学問とは必ずしもみなされていなかった。歴史学者のトライチュケ（H. von Treitschke, 1834-1896）は，1858年の論文でシュタイン（L. von Stein, 1815-1889）やモール（R. von Mohl, 1799-1857）を批判して，社会科学とか社会学は「社会的ユートピア主義」と「革命的理念」の源泉となる危険な学問だとみなした[1]。

　トライチュケの論点は，25年後にディルタイ（W. Dilthey, 1833-1911）が再びとりあげることになる。彼は社会学が，社会法則の全体的理解を目標とする，英仏で作られた科学であるとみなした。ディルタイの「精神科学」の真の目的は，超個人的な「常数」と「文化体系」の分析であって，それは「制度」の研究を含むものであった[2]。

　こうしてドイツ社会学を，英仏の社会学から区別しようとする発想が生まれてきた1880年代に，ドイツ社会学の独自の発展のメルクマールとなる，テンニエス（F. Tönnies, 1855-1936）の『ゲマインシャフトとゲゼルシャフト』（Gemeinschaft und Gessellschaft, 1887）があらわれたのである。それはディルタイの著作から4年後のことであった。

　ウェーバーの教授資格論文「ローマ農業史，国法および私法に対するその意義」（1891）の序論で，彼はローマ帝国の歴史を「ローマの植民と，資本主義

的搾取とに屈服する地域が絶え間なく拡大すること」とみているが,そこでは「どんな社会層や経済的な利益集団が,政治的に社会の原動力になったのか」という問題と同時に,「今日もなお我々の法的思考を支配し,ある人からはその論理的一貫性ゆえに賛美され,他の人からは我々の土地所有権の領域における諸悪の根源と攻撃されている」土地私有制が,どんな経済思想に対応していたかを問題とする。ここはすでに,資本主義的経済の発達に関する,経済社会学的問題設定が認められるのである。[3]

これらの論文が評価されて,ウェーバーは『国家科学中辞典』(*Handwörterbuch der Staatwissenschaften*, 1891)の「古代農業事情」の項目の執筆を引き受けることになる。このテキストは改版ごとに(1898年2版,1909年に3版)書き直され,その問題設定は,有名な第3版で最も明確となる(邦訳は上原専禄・増田四郎監修,渡部金一・弓削達共訳『古代社会経済史』東洋経済新報社)。それはウェーバーが,「ドイツ社会学会」の設立に関与する,次節で扱う時期までの間に育んだ問題設定の精密化を示している。

教授資格論文(1891)の比較研究が古典古代と中世に限られていたのに対して,「古代農業事情」では近代をもその射程に収め,さらに東洋と西洋との比較が試みられている。また分析の次元も,前者では法的・経済的・農業史的次元にとどまっていたが,後者では経済的・社会的・政治的・規範的=イデオロギー的次元へと拡大している。こうした分析方法の多様化を進めたウェーバーは『中辞典』第3版の出た1909年に,はじめて「社会学者」と自らを規定することになる。

こうした過程におけるウェーバーの社会学的業績として見逃せないものに,1892年から94年にかけての,ドイツの農業労働者の状態に関する調査と,それに関する諸論文がある。

まず「社会政策学会」の農業労働者に関する質問紙調査をとりあげよう。社会政策学会が実施を委託した「ドイツ農業労働者事情」調査がある。(1892年)。[4]

ウェーバーはこの調査をもとに,翌年ベルリンでの社会政策学会の総会で,

農業労働者問題,土地所有の配分,小土地所有の保護を論じた報告講演を行う。
そこでのウェーバーの関心事は,何よりも「ポーランド問題」,すなわちポーランドやロシアのスラブ系労働者の出稼ぎ問題である。彼はドイツ東部からのこれら出稼ぎ労働者の閉め出しと,農民用小農場を国家の手で創設する「内国植民」の促進を提案するが,それは「ドイツ国民性の東部国境の平和的防衛」のためとされたのである。

ウェーバーが1894年から96年にかけて公表した『取引所』の研究は,彼の農業労働者研究の延長線上にある。東エルベ地方に関する記述の中で,ウェーバーは国内・国際市場の穀物価格が,土地所有者のみならず農業労働者にも重要な意味をもつことを,くり返し指摘している。彼がフリードリヒ・ナウマン (Fr. Naumann) 編集の『ゲッティンゲン労働者文庫』のために書いた2本の『取引所』論文が重要である。すなわち「取引所1.目的と外的組織」(1984)と,「取引所2.取引所取引」(1896)である(邦訳では両者の合本で中村貞二・柴田国弘訳『取引所』未来社)。彼には「工業国家としてのドイツ」(1897)に対する関心も芽生えていた。世紀の終わりには「ドイツ印刷工の状態」に関するアンケートに協力し,工業労働者問題への関心を強めていった。折しもドイツの工業化の社会的影響への関心,特に「社会問題」への関心が,同時代の学者の間に高まっていた。その関心は1908年,社会政策学会による『大工業の各種産業部門における労働者の淘汰と適応(職業選択と職業運命)についての諸研究』となった。この大規模な調査の委員長となったハインリヒ・ヘルクナーに,ウェーバーは弟のアルフレットとの会話から生まれた,調査方法論に関する「提案」を示し,受けいれられた。

ウェーバーはこの「提案」の中で,調査は一つの純粋に社会科学的な目的を追求するものであることを強調する。「問題は専ら,事実を即事象的に客観的に確認することと,大工業の存在の諸条件やその労働者の特質のうちに横たわっている,それら事実の諸根拠を突きとめることである」。したがって社会政策的提案のような,実践に関わる「副次的結果」は,この調査の目的ではなく,

「そうした意図は，この調査研究の科学的公平さには決して役立たないであろう」と主張する[11]。こうした研究における，純粋な科学的性格がはじめて強調されるのである。

2 ウェーバーと社会学界

ウェーバーは1888年から1919年までの，彼の学究生活の全期間にわたって，その集中度には変化はあるが，一貫して社会政策学会の活動に参加していた。しかし会員としての積極的な貢献は，前半においては主として農業労働者，後には工業労働者調査の共同研究であったことは，前節でみたとおりである。しかしこの学会は，元来「社会問題」の解決に向けて社会改革の準備を行うことを目的としており，ウェーバーにとっては「没価値的」研究を追求しようとする自己の理想は実現さるべくもない学会であった。

学会の中で約6分の1を占める国民経済学者は，「講壇社会主義者」と総称されていたが，創設以来学会を牛耳っていた。彼らに共通した思想は，「社会政策」は国民総生産の分配を変更し，社会層の地位の変更を志向すべきだ，ということだけであった。そこから一歩を進めた「方針をめぐる論争」には，世代間の葛藤が存在した。1890年から1917年まで会長をつとめたグスタフ・v.シュモーラー（G. von Schmoller, 1838-1917）の第一世代と，ウェーバー，ゾンバルト（W. Sombart, 1863-1941）などの第二世代，ミヘルス（R. Michels, 1876-1936）などの第三世代との葛藤には，部分的には政治的・イデオロギー的分極化もあった[12]。こうした理由から，ウェーバーは1908年以降，社会政策学会の足らざる所を補うための「純粋に学問的次元の」組織としての，社会学会の創設を模索するのである。1909年1月にベルリンで設立されたドイツ社会学会は，2年前に「ウィーン社会学会」を設立した一人としてその代表者になっていたユダヤ人ルドルフ・ゴルトシャイト（R. Goldscheid, 1870-1931）を加えて，テンニース，ジンメル（G. Simmel, 1858-1918），フィアーカント（A. Vierkandt, 1867-1953）などがその中心メンバーとなった。

ウェーバーは「会計」の地位についたが，妻のマリアンネによれば，彼自身は「仕事は欲したが，人の上に立つことは望まなかった。ところが，しだいに明らかになるのは，自分を近代社会学の創始者と思っている学者の何人かが，自分がそのような人物であることを申し立ててもらいたがっていたこと，しかも国家が，彼らの学問上の位置にふさわしい地位を大学内で彼らに与えてはいなかったので，なおさら彼らがそのように申し立ててもらいたがっていたことである」[13]。

世紀の転換期におけるドイツの大学では，社会学はまだ講座として認知されていなかった。日本やフランスでは，曲りなりにも1880年代の中葉から90年代の前半に社会学の講座が確立していたが，ドイツでは民間の学者による，「象牙の塔」の外の学問であった。したがって新しく設立された社会学会は，大学における講座の設置の要求をはじめ，社会学という新しい学問に対する社会的認知を求めていた。社会において「中間階級」の位置にある「教養階級」としての社会学の師父たちは，この新しい学問を，少しでも「リスペクタブル」なものとして認知させようと努力していた[14]。

すなわち彼らは，「現実科学」「没価値性」の表明によって社会政策と社会学を区別し，歴史学とは「脱・歴史化」を掲げて平和的関係を保ち，その「科学性」を立証するために「システム」概念を発展させるなどの努力を払ったが，それは「発展期の科学における，必然的ではあるがあまり生産的ではない過渡期」[15]の産物でもあった。このような状況で，ウェーバーは後継者に恵まれず，デュルケームふうに「ウェーバー学派」を創設したわけでもない。なおウェーバーの直接の指導下で学位論文を書いた学生12名のうち，実に8名が農民・農業労働者をテーマに選んでいる[16]。

また学会の創設段階では，会計担当のウェーバーの発言権は強かったので，彼は自分の目ざす学会の性格規定を，その第1条に盛りこむことに成功した。すなわちこの学会の目的は「純粋な学問的研究と調査を行うこと……によって，社会学的知識の振興をはかることにある。よってこの団体は（中略）実践的な

（倫理的，宗教的，政治的，美的などの）目的の，擁護についてはこれを拒否するものである。」[17]

ウェーバーとテンニースは，たえず規約による議事規則に注意を促したので，議事の進行をかなり混乱させた。ヘルマン・カントロヴィッツは「価値判断の排除ということを議事規則の問題にするなど，全く奇妙な光景」と論評している。[18]

1912年10月の第2回大会では，この問題をめぐる争いが激化した。「国民」と「人権」の概念に関する討論の中で，この対立は激化し，理事会からフィアーカントとジンメル，さらにウェーバー自身も学会から去ってしまう。ウェーバーの主要な敵対者であった，ウィーン社会学会の創立者ゴルトシャイトと結んだグループが，学会での地位を確保したのである。

ウェーバーの死後2年を経た1922年9月にイエナで開かれた第3回社会学者大会で採択された新しい規約では，ウェーバーの主張した「価値判断排除」の痕跡はまったくなくなっていた。その第一条に曰く「ドイツ社会学会は学者の団体であって，会員間の意見の交換を促進し，かつ公開の社会学者会議を随時組織することをもってその目的とする」。[19]

ウェーバーのドイツ社会学会に寄せた期待は完全に裏切られたが，彼の友人たち―ゾンバルト，ジンメル，ミヘルスらのためにウェーバーが払った努力も，ほとんど成果を収めなかった。彼はハイデルベルクにおける講座の後任としてゾンバルトを迎えようとしたが失敗した。[20] 彼はジンメルを，ハイデルベルクの哲学講座に迎えることを望んだが，ユダヤ人排斥の世論が起こって任用は阻止された。[21] ミヘルスに対するマールブルクとイエナにおける教授資格拒否に対してウェーバーが抗議した事件で，ウェーバーは，社会民主主義者であるというだけの理由で，有能な学者が大学教授就任への道を断たれてしまうことに憤慨し，ドイツの大学における，いわゆる《教職の自由》に関する論説を発表するが，無駄であった。[22]

この結果としてドイツの社会学界は，ミヘルスという有能な政治社会学者を

失うのだが,彼はウェーバーの「支配の社会学」,特にカリスマ的支配の概念の後継者として,『現代民主制における政党の社会学』を出版した時,それをウェーバーに捧げている。とはいえ彼の「寡頭制の鉄則」にみられる,ファッショ的なカリスマ性の所有者によって問題を解決しようとする議論は,ウェーバーの見解とは相当にかけ離れていた。

3 ドイツにおけるウェーバー社会学

このように,生前はドイツであまり大きな影響力をもたなかったウェーバーが,第二次世界大戦後に「巨匠」の地位を獲得することとの評価のギャップは余りにも大きい。彼が戦前限られた影響力しかもたなかった事情の一端はすでに述べてきたので,ここでは限られた紙数ではあるが,彼の業績が戦前でも比較的評価されたと思われるテーマについて述べるに止めたい。

戦後ウェーバーの評価を高めるのに功績のあったのは,アメリカの社会学者タルコット・パーソンズ (T. Parsons, 1902-79) による『プロテスタンティズムの倫理と資本主義の精神』の英訳であろう。彼は1925年,ドイツのハイデルベルクへ留学し,ウェーバー,マルクス,ゾンバルトの資本主義に関する論文で学位をとり,1930年には『プロテスタンティズムの倫理』の英訳を出版した(パーソンズのウェーバー論については,本章のテーマの関係上,特に言及しないでおく)。このようにウェーバーの諸業績の同時代における受容は,主として「プロテスタンティズムの倫理」に関する著作と,ドイツ帝国の崩壊を目の前に行った講演の記録「職業としての学問」および「職業としての政治」に限られていた。

「プロテスタンティズム」と「資本主義」との関連についてのテーマは,世紀の転換期におけるドイツの学会の主な論争点でもあった。しかもこの論争は,ドイツの学会のみで行われていたわけではなかった。とりわけウェーバーに刺激を与えたのは,ウェルナー・ゾンバルトの『近代資本主義』(2巻,1902)であった。同書の中でゾンバルトは,資本主義の発展に対するカルヴィニズムと

クェーカーの影響について論じているが、ウェーバーはゾンバルトから、近代経済の根本動機は「経済的合理主義」であるという仮説を受容した[27]。しかしゾンバルトは、ウェーバーとは反対に、プロテスタンティズムの反資本主義的特色を明らかにしようと試みたのであった。

「プロテスタンティズム」との関係で、ウェーバーが指導した学生の論文の中で、彼の研究に直接寄与したことが明らかなものは、1900年に提出されたマルティン・オッフェンバッハー（M. Offenbacher）の、バーデン州における「信仰と社会層の形成」と題した学位請求論文がある。ウェーバーはこの学位論文を、自著『プロテスタンティズムの倫理と資本主義の精神』の第1章で、その問題設定の出発点としている。すなわち「このように経済的に最も発達した諸地方が宗教上の革命をとくに著しく受け入れやすい体質をもっていたのは、どういう根拠によるものであろうか」[28]と。このように重要な貢献をしたにも拘らず、オッフェンバッハーはウェーバーの後継者となり得る教授資格の獲得も試みなかった[29]。『プロテスタンティズムの倫理』をめぐる解釈は、アルヴィン・グールドナー（A. Gouldner, 1920-80）のように、アメリカで通俗化された。

　　ウェーバーの立場は、大部分、イデオロギーは経済的「下部構造」に対する「上部構造」の適応であるというマルクス主義の概念に対する論争であった。……彼の『プロテスタンティズムの倫理』は、プロテスタンティズムは資本主義の勃興の結果であったというマルクス主義の仮説に対して向けられていた。……ウェーバーはむしろ、近代ヨーロッパの資本主義の発展がそれ自身プロテスタンティズムの倫理に依存していたことを示そうとした[30]。

1960年代の中葉までは、マルクスとウェーバーとの関係についての論考は限られており、なかでも戦前のカール・レーヴィット（K. Löwith, 1897-1973）の『ウェーバーとマルクス』（1932, 邦訳は1966）論が、70年代初頭まで賞賛されてきた。彼の解釈は、マルクスとウェーバーとの相違を強調するものである

(他にモムゼンなど[31])。

『経済と社会』(Wirtschaft und Gesselschaft, 1922)は『社会経済学講座』(Grundriss der Sozialökonomik, 1914-30, Mohl Siebeck)の第Ⅲ巻として企画されたものであったが，同時代の書評では，これをウェーバーの「主著」とみなしたものはごく僅かであった[32]。1922年から25年間かかって，『経済と社会』の売れた部数は2000部以下に過ぎなかったこと[33]をみても，注目度の低さが察せられよう。

ただ『経済と社会』のなかでも，「支配の社会学」は注目されてきた。ミヘルスの研究にこの部分，特に「カリスマ的支配」(Charismatische Herrschaft)の概念が大きな感化を及ぼしたことは，すでに前節の終わりでふれておいた。また戦前には，国外でもレイモン・アロン(R. Aron, 1905-83)が，その『現代ドイツ社会学』(1935)のなかで「支配の社会学」との関連で，ヘルマン・シュマーレンバッハ(H. Schmalenbach, 1885-1950)の論文[34]をとりあげ，それがテンニュスの「ゲマインシャフト」の概念を精密化したこと，またそれがウェーバーの「支配の三類型」の，それぞれ伝統的支配とカリスマ的支配に，日常的「ゲマインシャフト」と非日常的な「ブント」(Bund)とがそれぞれ対応しているとした三類型論の業績を評価している[35]。

戦後のウェーバー研究は，まず1964年に，ウェーバーゆかりのハイデルベルクで行われた，ウェーバー生誕百年記念のドイツ社会学会大会で最初の高揚期を迎える。そのシンポジウムでは，「あらゆるイデオロギーの科学からの解放」をウェーバーに見出そうとするパーソンズ，「権力主義者としてのウェーバー」を強調するアロン，「合理性と支配の内的弁証法」をめざすマルクーゼの，三つの基調報告と討論，さらに六つの分科会が開かれた。このシンポジウムは，それまでのウェーバー研究の集大成を試みた事業だったといえよう[36]。

このシンポジウムと前後して，モムゼン(W. Momsen)の『マックス・ウェーバーとドイツの政治』(1959)によって生じた一連の論争がある。それは，ウェーバーの思想における「決断主義」＝権力主義的性格と，「反決断主義」＝自由主

義的性格をめぐる論争であった。モムゼンはウェーバーの「指導者民主主義」の概念と，その継承者がナチスの理論家カール・シュミットであることから，ウェーバーの思想とナチズムとの関係を考究し，「決断主義者」というウェーバー像を提示した[37]。この解決に賛同したのはハバーマス（J. Habermas, 1929-）とアロンであり，反論したのはコッカ（J. Kocka, 1941-）である[38]。

ウェーバーの個人史に着目して，フロイト理論を採用したミッツマン（A. Mitzman）と，テンブルック（F.H. Tenbruck）の論文「マックス・ウェーバー方法論の形成」も注目された。ウェーバーの科学論や「理解」（Verstehen）には新しいものは何もないという指摘は，その後のウェーバーの研究者に「理解社会学」を低く評価させる傾向も生んだ[39]。また彼が1970年代後半の論文で，ウェーバーの業績の核心を「呪術からの解放」の概念に求め，『経済と社会』を主著とする通説に代えて『宗教社会学論集』をその主著とすべきだと主張したのも『経済と社会』の副題が「理解社会学綱要」であることを考えれば，一貫性のある議論であった[40]。

この時期の最良の『研究案内』と思われるケースラー（D. Käsler, 1944-）の労作における最終章でも「ウェーバーはいかなる・新・し・い社会学理論も展開しなかった。つまり彼は厳密な社会学的意味で，そもそも社会学のために・い・か・な・る・理・論・も・提・出・し・な・か・っ・た・。……『理解』の方法も『理念型による処理』の方法も考案しなかった。……ウェーバーの論文のもっているのは，むしろ古文書的価値なのである」と評価されている[41]。

確かにウェーバーの社会学理論には，パーソンズやパレートのような体系性は欠けているが，だからといってウェーバーの業績から学ぶべきものが，彼らより少ないという訳ではあるまい。彼の「社会的行為」―「科学としての社会学」の対象が狭すぎるようにみえるのも[42]，当時ドイツで社会学が置かれていた位置を考えれば，それが大学で制度化されるための戦略の一部と考えることも可能であろう。近年でもドイツの学者による「社会学批判」に加え，教育行政の場でも社会学教育の縮小が議論されているらしい[43]。

しかし，1982年の第10回世界社会学会議をきっかけに，ミクロ社会学とマクロ社会学とのリンクが将来の課題として浮び上った（本書第Ⅲ部付論における最後の二つのパラグラフ参照）。これに関するウェーバーの先駆的意義に着目したJ. アレグザンダーは，5 年後に次のようにのべた。

　……ウェーバーは，有機体論的定式化をはっきりと拒絶した。このような高度の敏感さは，たとえばデュルケームの比較的無頓着な態度とは好対照をなすものである。ともかく，ウェーバーの仕事に存在論的集合主義の立場の痕跡はまったくみられない。ウェーバーは再三にわたり，「ほんとうに」存在するのは社会的行為のみであると主張する。しかしながら，この主張はしばしばウェーバーを論じる者をあやまらせ，その理論が唯名論的であるという解釈を生みだすことになる。このため，ウェーバーの仕事にたいしては，しばしば「行為理論」というレッテルが貼りつけられている。しかしながら，このようなウェーバー解釈は，社会学理論の基礎にある存在論の経験的調停を見逃すことになるだけでなく，ウェーバーじしんの仕事のなかの本質において反個人主義的な論点をも軽視することになる。[44]

また，1998年の第14回世界社会学会議の，モントリオールの会場で行われたアンケートの結果をみても，回答者の2割が，ウェーバーの『経済と社会』を，最も大きな影響をうけた20世紀の社会学の本と答えている。これに『プロテスタンティズムの倫理と資本主義の精神』と答えた13％を加えると，回答者の約3分の1が，ウェーバーに最も大きな影響をうけたことになる。[45]こうして20世紀の国際的「巨匠」の地位を，ウェーバーは確立したのである。

注

1) H. v. Treitschke, *Die Gesellschafts Wissenschaft. Ein Kritischer Versuch* (1858); K-S. Rehberg, Anti-Sociology : a conservative view of the social sciences (1984)（梶谷素久編・訳『社会学の歴史』学文社，1989, p. 25に訳出）

2) W. Dilthey, Einleitung in die Geisteswissenschaften, in *Gesammelle Schriften* vol. 1, 1883 (2nd ed., 1922);, （鬼頭英一訳『精神科學序説』春秋社 1933. ただしディルタイは2版の付録で, ジンメルの形式社会学は容認した）
3) M. Weber, Die romische Agrargeschichel in ihrer Bedeutung für das Staats-und Privatrecht, Stuttgart SS. 6-7. 1891.
4) ウェーバー自身のこの調査に関する論評はDie Verhältmisse der Landarbeiter im ostelbischen Deutschland. Dargestelltauf Grund der vom Verein für Socialpolitik Veranstalteten Erhebumgen, *Schriften des Vereins fü Sotialpolitik*, LV, *Die Verhältmisse der Landarbeiter* Deutchland, 3Bd. Leipzig, 1893.

「平均的な事例の場合, 彼ら〔農業労働者〕の物質的な境遇は, 最も優遇された工業労働者の境遇よりもはるかに安定しており, 少し恵まれたくらいの条件下の工業労働者とでは全く比較にならない」とウェーバーは評価する (S. 775).

5) Referat, Verhandlungen der am 20und 21, März 1893 in Berlin abgehalten Generalversammlung des Vereins für Socialpolitik……, *Schriften des Vereins für Socialpolitik*, LV Ⅲ, Verhandlungen von 1893, Leipzig, SS. 62-86, 128-133, 215-216 （山口和男訳『農業労働制度』未来社, 1959）
6) Ibid., S. 85. （山口訳, p. 56）
7) Die Börse. I. Zweck und auβere Organisation der Börsen. *Gottinger Arbeiterbibliothek*. Hrsg. V.F. Neumann. I Bd., H. 2. 3. Göttingen, 1894.
8) Die Börse Ⅱ. Der Börsenverkehr. *Göttinger Arbeitbibliothek*, 2Bd. H. 4. 5, Göttingen, 1896.
9) Ueber Deutschland als Industriestaat, In : Die Verhandlungen des 8. Evangelischesozialen Kongresses, abgehalten zu Leipzig am 10. u. 11. Juni 1897. Nach den stenagraphischen Protokollen. Göttingen. SS. 105-113, 112-3.
10) この間の事情については, その成果を収めた最初の巻, Auslese und Ampassung der Arbeiterschaft der geschlossenen GroBindustrie. Dargestellt an den Verhättnissen der "Gladbacher Spinnerei und Weberei", AG zu Miinchen-G ladbuch im Rheinland. Bd. 133 der *Schrifteb des Vereins für Socialpolitik*, Leipzig, 1910, に収められた, ヘルクナー, シュモーラー, アルフレット・ウェーバーの「序文」SS. Ⅶ-ⅩⅤ, 参照.
11) Erhebungen über Auslese und Anpassung (Berufwahl und Berufsschicksal) der Arberterschaft der geschlossenen GroBindustrie. Als Manuskript gedruckt. Altenburg, 1908, SS. 6-7. （鼓肇雄訳『工業労働調査論』日本労働協会 pp. 4-5）

12) Dieter Lindenlaub, Richtungskämpfe im Verein für Sozialpolitik in : Vierteljahresschrift fur Sozial=und Wirtschaftsgesschichete. Beiheft 52, 53. Wiesbaden, 1967. esp. SS. 10-4.
13) Marianne Weber, *Max Weber, Ein Lebensbild*, Tubingen, 1926, S. 426ff ; (大久保和郎訳『マックス・ウェーバー』I・II，みすず書房，p. 321ff)
14) Dirk Käsler, Evolutionism in Early German Sociology, Presented to the RCHS session of the World Congress of Sociology, 1982.（梶谷素久編・訳，『社会学の歴史』学文社，1989，p. 21)
15) Georg Jahn, Deutscher Soziologentag, *Münchner Neueste Nachrichten*, Nr274, vom7, 10. 1924.（梶谷編，前掲書，pp. 22-3所引)
16) Dirk Käsler, Max Weber and the Institutionalization of Early German Sociology, 1909-1934, presented to the RCHS session in Paris, 1980（梶谷編，前掲書，pp. 41, 66-7．ウェーバーの指導をうけた学生12名のうち，誰一人として大学教授資格の獲得を試みた者もいなかった．p. 41)
17) In : Bundesarchiv Koblenz, Nachlaß Brentano 67, S. 1.（梶谷編，前掲書，p. 73，なおドイツ社会学会の規約（1910年施行）の全訳は，同書　pp. 67-72)
18) *Schriten der Deutchen Gesselschaft für Soziologie*, 1 Serie, 1Bd, Tübingen, 1911, S. 314.（梶谷編，前掲書，p. 46)
19) Ibid., SS. 429-30.（梶谷編，前掲書）pp. 47-8. Helmut Fogt, Max Weber-Wirkung und Bedeutung. 1890-1933（Unveröffentl. Magister-Arbeit, Univ. München), S. 184.
20) Verhandlungen des Dritten Deutschen Soziologentages am 24/25, 1922 in Jena（梶谷編，前掲書，p. 49所引)
21) Edward Shils, *Max Weber on Universities. The Power of the State and the Dignity of the Academic Calling in Imperial Germany*, Chicago, 1973. p. 12.
22) Die Lehrfreiheit der Universitäten, In : *Hochschul-Nachrichten*, IX, Jg., Heft 220, Nr. 4, Januar. Munchen. S. 90（上山安敏・三吉敏博・西村稔編訳『ウェーバーの大学論』木鐸社，p. 56)
23) Robert Michels, *Zur Soziologie des Parteiwessen in der modernen Demokratie*, Leipzig, 1991.
24) Die protestantische Ethik und der Geist des Kapitalismus. In : *Gesammelte Aufsätze zur Religionsoziologie*. Bd. I . Tubingen, 1919, S. 20 ; *The Protestant Ethik and the Spirit of Capitalism*. tr. by Talcott Persons, with a forward by R.H. Tawnoy, 1930.

25) Käsler, op. cit., 1980. (梶谷編, 前掲書, p. 40)
26) Reinhard Bendix, The Protestant Ethic-Revisited, *Comparative Studies in Society and History*, 9. No. 3, 1967.
27) Werner Sombart, *Der moderne Kapitalismus* 2Bde, Leipzig, 1902. (岡崎次郎訳『近世資本主義』2巻, 生活社, 1942)
28) Weber, M., Die protestantische Ethik, *a.a.o*, S. 60 (梶山・大塚訳『プロテスタンティズムの倫理と資本主義の精神』岩波文庫, 上巻, p. 92)
29) Käsler, op. cit. 1980. (梶谷編, 前掲書, p. 41)
30) Alvin Gouldner, The Coming Crisis of Western Sociology, N.Y., 1970, pp. 121, 179-80. (岡田・田中他訳『社会学の再生を求めて』新曜社)
31) Karl Löwith, Max Weber und Karl Marx(1932). *Gesammelte Abhandlungen* SS. 1-67, Stuttgart, 1960. (柴田治三郎・脇圭平・安藤英治訳『ウェーバーとマルクス』未来社, 1966)

　　同書に対する賛辞は, たとえば Wolfgang Momsen, The Age of Bureaucracy, Perspectives of the Political Sociology of Max Weber, N.Y. 1974 (得永新太郎訳『官僚制の時代』未来社, 1984). また同書を「最良の源泉」と評価したのは Anthony Giddens, Marx and the Development of Capitalism, *Sociology* 4, 1970, pp. 289-310, and Marx and Weber. A Reply to Mr, Walton, *Sociology* 5, 1971, pp. 395-7, esp. p. 397.

　　モムゼンなどのように, ウェーバーとマルクスは対立すると解釈する〈Wolfgang Momsën, *The Age of Bureaucracy*, N.Y. 1974 ; 得永新太郎訳『官僚制の時代』未来社〉立場に対し, Bryan S. Turner, *For Weber : Essays on the Sociology of Fate* London/Boston 1981, p. 9のように, その親近性を強調するものもある.
32) 例外として, Erich Rothacker の書評. Vierteljahrsschrift für Sozial und Wirtschaftsgeschichte. Hrsg. V. St. Bauer u. a., 16. Bd. 3/4 Heft. SS. 420-34. esp. S. 422など.
33) Günther Roth, 'Value-Neutrality' in Germany and the United States, In : R. Bendix and G. Roth, *Scholarship and Partisanship. Essays on Max Weber* (California/London, 1971) pp. 34-54, esp. p. 43. (柳文園近訳『学問と党派性』みすず書房, 1975)
34) R. Aron, *La Sociologie allemande contemporaine*, 1935et 1950 〔*Die deutsc Soziologieder Gegenwart*, 1953〕(秋元・河原・芳仲訳『現代ドイツ社会学』理想社, 1956, シュマーレンバッハへの言及は pp. 42-3)
35) Hermann Schmalenbach, Die soziologische Kategorie des Bundes, *Die*

Dioskuren Bd. 1, München 1922, SS. 35-105, シュマーレンバッハのこの点での貢献は, テンニースの二類型論を三類型論に置きかえる必要はないと考えるテンニースの追随者 (たとえば W. カーンマン) によって攻撃された。Wellner Cahnman ed., *Ferdinand Tönnies : A New Evaluation.* Leyden. 1973.

ルネ・ケーニッヒも, 20世紀の社会学者たちがテンニエスの二分法にとらわれ, フランクフルト学派の「批判理論」の大前提を盲目的に受容したと批判する。Rene König, Zur Soziologie der zwanziger Janre…, in : Leonhard Reinisch (ed), *Die Zeit ohne Eigenschaften*, Stuttgart 1961, SS, 209-29.

36) O. Stammer (ed.) *Max Weber und Soziologie heute*, Mohr, 1966, (出口勇蔵監訳『ウェーバーと現代社会学』上・下巻, 木鐸社, 1976, 1980)

37) Wolfgang Momsen, *Max Weber und die deutsche Politik*, 1890-1920, Mohr, 1959. (rev, ed ; Tübingen, 1974)

38) Jurgen Kocka, Kontroversen über Max Weber, *Neue Politische Literatur*, 1976, Heft3 ; (住谷一彦・小林純訳『マックス・ウェーバー・西ドイツの研究動向』未来社, 1979) Jurgen Habermas, *Technik und Wissenschaft als Ideologie*, 1968 (長谷川宏・北原章子訳『イデオロギーとしての技術と学問』紀伊國屋書店, 1970) R. Aron, Max Weber und dei Machtpolitik, in Stammer (ed) *a. a. O.*

39) A. Mitzman, *The Iron Cage*, 1971 (安藤英治訳, 創文社, 1975) Tenbruck, Die Genesis der Wissenschaftslehre Max Webers : I Allgemeiner Teil : Die Genesisder Methodologie Max Webers, *Kölner Zeitschrift für Soziolcgiê und Sozialpsychologie*, Jg. 11, 1959 (住谷一彦・山田正範訳『マックス・ウェーバー方法論の生成』未来社, 1985) その影響は H. Albert, *Traktat über kritische Vernunft*, (Hoffman und Campe) 1969など.

40) Tenbruck, Wie gut Kermem wir Max Weber, *Zeitschrift für die gesamte Staatwissenschaft*, Bd, 131, Heft4. 1977. 旧西ドイツにおけるこの間の研究状況は, 茨木竹二「西ドイツ社会学とウェーバー・ルネッサンス」『理想』1982に紹介あり.

41) Dirk Käsler, *Einfuhrung in das Studium Max Webers*, München, 1979 (森岡弘道訳『マックス・ウェーバー』三一書房, 1981, pp. 264-5) 同書の成果を基にした報告 (Kasler, 1980) は, 梶谷編, 前掲書所収.

42) こうした批判はすでに1920年代初期から出ている。たとえば Schmalenbach の前掲論文における注を参照。英訳では G. Lüschen and G.P. Stone trans. *On Society and Experience*, Chicago 1976, pp. 109-19. esp. p. 116. ウェーバーの所論は, Soziologische Grundbegrifte, *Wirtschaft und Gessellschaft*, Tübingen 1922, SS. 1-30 (阿閉吉男・内藤莞爾訳『社会学の基礎概念』角川文庫, 1953,

esp. pp., 35-8)
43) K-S. Rehberg, Anti-Sociology : a conservative view of the Social Sciences, (梶谷編, 前掲書, p. 33) なお近年の代表的な社会学批判としては, Helmut Schelsky, *Die Arbeittun die anderen. Klassenkampt und Priesterherschaft der lntellektullen*, Oplanden, 1975, F.H. Tenbruck, *Die unbewaltigten Sozial wissenschaften oder Die Abschaffung des Menschen*, Graz, 1984.
44) From Reduction to Linkage : The Long View of the Micro-Macro Link (by Jeffrey C. Alexander and Bernhard Giesen), in Jeffrey Alexander/Bernhard Giesen/Richard Münch/Niel Smelser (ed.), *The Micro-Macro Link,* (University of California Press, 1987), pp. 15-6 ; 石井幸夫ほか訳『ミクロ―マクロ・リンクの社会理論』新泉社, 1998, p. 29.
45)

	ISA-Books of the XX Century. Top Ten.		
	Author	Title	% of votes
1	Weber, Max	Economy and Society	20.9
2	Mills, Charies Wright	The Sociological Imagination	13.0
3	Merton, Robert K.	Social Theory and Social Structure	11.4
4	Weber, Max	The Protestant Ethic and the Spirit of Capitalism	10.3
5	Berger, P.L. and Luckmann, T.	The Social Construction of Reality	9.9
6	Bourdieu, Pierre	Distinction : A Social Critique of the Judgment of Taste	9.5
7	Elias, Norbert	The Civilizing Process : Power and Civility	6.6
8	Habermas, Jurgen	The Theory of Communicative Action	6.4
9	Parsons, Talcott	The Structure of Social Action	6.2
10	Goffman, Erving	The Presentation of Self in Everyday Life	5.5

出所) International Sociological Association Bulletin 77, p. 17

※「日本の常識, 世界の非常識」と言われるが, 上記の表を見ただけでも, マートンの影響力は, パーソンズをはるかに上回っていたことがわかる。日本の学界の常識とは全く逆に, アメリカ社会学会には「ロバート・マートン賞」は生前から設けられているが, パーソンズについては死後も設けられなかった。

ウェーバーの行為理論　Weber's action theory

社会的行為をして，社会学体系の主軸とする立場である。この立場の最も先駆者的な学者としては，ウェーバー（M. Weber）をあげることができるが，彼は，社会の場，すなわち他者をふくむ状況において，主体としての行為者が，その他者の存在や行為を自己の行為の有意味的な係数としてとりいれながら，他者志向的に営む行為を「社会的行為」（social action）と名づけ，これが，複数の人びとの間に相互行為となって「社会関係」が成立するとした。このばあい，「目的合理的」(zweckational)，「価値合理的」(wertrational)，「情緒的」(affektuell)，「伝統的」(traditional)，などのパターンを設定しているが，彼以外には，パレート（V. Pareto）も「論理的」「非論理的」などに類型化している。これらが基調となって，特にアメリカ社会学では「行為理論」が隆盛となり，分析・理論モデルが作られた。たとえばモレノ（J.L. Moreno）の「ソシオメトリー」（sociometry），ホマンズ（G.C. Homans）の「交換理論（exchange theory），パーソンズ（T. Parsons）の「社会体系論」（social system）などがそれである。

これは，心理学的社会学において「行動主義」（behaviorism）が提唱されたことにも由来するが，行為理論には，きわめて強い「主意主義」（voluntarism）がふくまれているので，「方法論的個人主義」（methological indidualism）との批判が加えられている。しかし人間の社会的営為が行為によって成り立つ以上，完全には否定しえない理論であることも確かである。

	利己主義の程度[a]	
計画化の程度[b]	自己のため	他人のため
自分で意識してない	習　慣　的	情　緒　的
自分で意識している	目的合理的	価値合理的[c]

非変数の一般変数変換：Weber の社会的行為の類型

Weber の主要前提：合理的―合法的権威はより能率的である。
Weber の暗黙の仮説：官僚制の各構成要素は能率を増進するか，能率に貢献する。

出所）J. ヘイグ（小松陽一・野中郁次郎訳）『理論構築の方法』白桃書房，1978，図1－1，p.24.

付録I　近代社会学の対概念

社会静学 （英） social statics　（仏） statique sociale

　社会学の一般理論の中には，社会を相対的に安定したものとみて，その構成・統合などを究明しようとする部門がある。社会学という名をはじめて用いたコント（A. Comte）は，この部門を「社会静学」（statique sociale）と名づけ，またこれに対して進歩・発展を究明する部門を「社会動学」（dynamique sociale）と名づけた。この基本的な区分は社会学史上さまざまな形で出現し，今日に至っている。彼によれば「社会学の静想的研究は，社会体系の異なった部分間の作用および反作用の法則を究明することである」。それは社会有機体を構成する諸部分の役割や相互作用を「普遍的な社会的相互連関」の原則によって究明しようとするものであって彼が分業論を社会静学の基礎にすえたのもこのためであった。

　彼と同時代のスペンサー（H. Spencer）も，その処女作（1851年）において，完全社会の均衡を論じているが，もちろん理想社会の構想であり，自由放任主義的色彩が強い。

　いずれにせよ社会静学は，社会的実現の全体の構造を対象とする部門であり，その主要な分析単位は社会制度や制度的複合物（経済，家族，政治など）であるといえよう。

社会動学 （英） social dynamics　（仏） dynamique sociale

　社会学の祖コント（A. Comte）が社会構造を問題とした「社会静学」（statique sociale）に対し，社会の進化・発展を問題とした部門に用いた名称。社会動学は，分質の単位として全体社会をとりあげ，全大社会発展の様相を究明するものであった。「社会動学の諸法則は，社会の範囲をもっとも大きく画定したばあいにもっとも良く認識できるということを，われわれは忘れてはならない」と彼はいっている。彼がサン・シモン（C. de Saint-Simon）に学んだ「三段階の法則」（loi des trois états）は人間の知識の進武をしめすというものであり，社会動学と関連をもつ。

　スペンサー（H. Spencer）もまた，全体社会を分析の単位として容認するという点でコントと共通するが，社会有機体を生物有機体のアナロジーとして把握しようとする進化論的色彩が強くなっている。すなわち社会は，その進化の過程で機能分化が進み，単純なものからより複雑なものに「軍事型社会から産業型社会へ」進化すると論じた。

　いずれにせよ社会動学は，全体社会（現実態）の変動を，第一には様式の側面から，第二には変動の規定（促進）要因について考究するものであり，実質的には今日の社会変動論と大差ないと発想に基づくといえる。

ミクロ社会学　micro-sociology

　社会的現実態を考察するにあたって，それがどう発生し，どう発展するかを理解するためには，まず現実を最も簡単な要素，すなわち個人レベルの「社会的行為」(social action) の形態に分解しなければならない。こうした研究を，ギュルヴィッチ (G. Gurvitch) は「ミクロ社会学」の領域に属するものと考えた先駆者の一人である。

　彼はこのほかに，集団の研究と全体社会の研究とを挙げているが，この三領域はお互いに関連しあっており，他の二者の基礎が社会的交渉の形態であると考える。

　彼の考えた社会的交渉形態の分類について主要なものは，1) 直接的または自然発生的交渉と，熟慮され，組織的な交渉との区別。2) 積極的な交渉と消極的な交渉との区別。積極的な交渉には，共力や共通の目標が必ず存在しなければならない。3)「我ら」関係にも融合の程度によって，大衆，共同社会，一体化の三種類がある。4)「対人」関係には，接近，疎隔，両者の混合形態の三種類がある。

マクロ社会学　macro-sociology

　ギュルヴィッチ (G. Gurvitch) は社会学の方法として，全体的に観察することと類型化する方法とをあげている。その社会的類型には，1)「社会的交渉」(sociabilité) の諸形態，2)「集団」，3)「全体社会」(société globale) の三種類があり，3) の全体社会を扱うのがマクロ社会学であるとした。

　その後インケルス (A. Inkels) は社会学がなお権限を主張できるいくつかの主題として「規模と複雑さの大きな順にあげてみれば，社会，制度，社会関係という領域」をあげている。最初の「社会を研究するものとしての社会学」の目的は，社会を構成する諸制度が，異なった社会体系の中では，たがいにどんな形で関連しあっているかを発見することだという。「よく歴史社会学とか比較社会学とかよばれるものの大部分は，この型にしたがったものである」と，彼はいっている。

　いずれにせよマクロ社会学は，全体社会を一つの単位として考察の対象とするものであり，具体的には社会構造論・階級論・変動論などがあげられる。もちろん全体社会とても絶対的な意味において自己完結的・自足的であるとはいえず，社会的現実態は一つの分割不可能な全体であるといえようが，操作的には全体社会を他の二者と区別することが可能であり，同時にマクロ社会学の分析にも，ミクロ社会学の分析を利用する必要も生ずるのである（近年の論考については，本書6章注44，および付論の最終ページ参照）。

順機能　eufuntion

社会事象相互の「関数的共変関係」（covariative relation）に注目し，変数の働きを特定の結果事象への効果として評定することを機能連関の分析という。この評定は，ある事象がある特定の結果事象に促進的な作用をするか否かという見地から観察される。その結果が促進的であるとみられるときは，その変数は結果事象に対して順（正）機能をもつという。

ここで結果事象は，同位のレベルにおける他の事象との間にも，その変数（事象）を包合する上位体系との間にも，機能要件という形で設定される。前者の例としては，ヴェブレン（T. Veblen）の分析した「誇示的消費」によって，行為者の仲間に経済的実力を誇示するとか，仲間での評価を高くする側面では順機能をもつと評価されよう。後者の例としては，その誇示的消費も全体社会の富の利用の面では浪費的な色彩の強いものになり，むしろ阻害的な機能を果たす。

機能連関の評定は，行為者参加者が自覚し，意図している目的・動機と対応した客観的結果が観察されるか（顕在的機能），自覚・意図されなかった結果や，本来は要請されていなかった結果が観察されるか（潜在的機能）によっても行われる。たとえば大政党の派閥の存在が，公的（フォーマル）な政治組織の機能的欠陥をインフォーマルな形で補うばあいは，それは潜在的順機能を果すことになる。

逆機能　dysfunction

ある事実がある特定の事象に阻害的に機能すると観察されるとき，前者は後者に対して逆機能をもつという。

逆機能の概念を提示したのは，文化人類学者ブラウン（R. Brown）である。彼は有機体の病的状態とのアナロージから「機能的統一」（functional unity）の失われている状態に逆機能の概念をあてはめた。それは文化全体の有機的関連を問題とし，機能的統一の確保されているノーマルな状態とはまったく異質のものとして，対照的に把握された。しかし順機能と同時に逆機能が存在することは，マートン（R.K. Merton）が『社会理論と社会構造』（1951）で強調したところである。近代社会は未開社会とは比較にならぬほど分化し錯綜している。近代社会の構造＝機能的分析には，つねに逆機能の側面への注目を必要とする。

一例として近代的官僚制の逆機能的側面を指摘できる。組織化された官僚制は，階統制のもとで組織能率を最高度に発揮することが可能であるが，逆に人間が巨大な機構の歯車と化して主体性を失い，疎外感と無力感を昂させ，士気や能率の低下，形式主義，セクト主義等が一般化すれば，事務処理の煩雑化や停滞を招き，かえって組織の統合と能率を低下させる側面をもっている。

地 位 status

社会構造が存在するばあい、地位は社会や集団の目標・規範・価値基準などにしたがって一定の形で配列されている。その配列されている位置を「地位的位置」(status position) とよぶ。社会構造の枠組のなかでは、地位とそれに対応する役割の配置は、一種のハイアラーキーをなしている（例外として同質的集団もある）。

リントン (R. Linton) は、その著『人間の研究』(1936) において、地位に関する二類型を提示している。その一つは「帰属的地位」(ascribed status) で、これは本人の資質や才能とは関係なく、運命的に予定されているもので、年齢、出身階級など、個人の才能や努力ではおよばない属性によって決められる地位である。

他の一つは「業績的地位」(achieved status) でこれは理念的には個人の才能や努力により、その業績の結果として獲得される地位である。「身分から契約へ」というメーン (H.S. Maine) の言葉が端的にしめすとおり、近代的な社会になるほど、帰属的地位に代わって業績的地位が重視されてくる傾向にある。しかし現代においても、現実の社会的地位は、この両者の混合形態であることが多い。このことは人間が多様な集団に重複所属すれば、それだけ個人が各種の「地位群」(status set) をになうことと無関係ではない。

役 割 role

社会構造の機能的局面においては、その成員はその占めている地位に応じた行為の様式を学び、実行することが期待される。こうした行為の期待内容をいう。

人間は他者による役割期待を前提とし、行動を合致させようとするが、みずからも他者に対して役割期待をもち「期待の相互補完」を志向する。この関係は「相互的」(dyadic) であり、他者規定的・他者依存的である。

このメカニズムは、社会行動主義にたつミード (G.H. Mead) が、「役割取得」(roletaking) という概念によって説明したところであり、ジンメル (G. Simmel) やヴィーゼ (L.v. Wiese) も、「心的相互作用」による社会的行動の研究をすすめていた。パーソンズ (T. Parsons) もその行為理論をもとに、役割とは個人的観点からみた具体的行為体系の「部分」であると考えている。この部分というのは、第一に社会体系に関する特定の規範的期待に従っているばあいで、規範は、（それが制度化されているとき）役割に対する人員の配分を定め、地位のハイアラーキー構造を定める。この構造的秩序を社会の成員が容認し、パースナリティに内面化されているとき、この秩序そのものの構成要素である個々人の行動は、役割行動として機能する。すべての役割行動には、「手段的」(instrumental) な側面と、「表出的」(expressive) な側面があり、後者は報酬をもたらす。

群　集　crowd

　未組織集団の一つで，一時的な事件を契機として，またまた一定の場所に集まった匿名の集合体をいう。一般的な特徴としては，1）一時的なつかの間の人間の群集である，2）空間的な近接性を成員どうしがもつ，3）非組織的であり，個々の成員が匿名性をもつ，4）共通の関心の対象をもつ，といった点があげられる。そしてこのような群集は，被暗示的で理性的判断力をもたず，しばしば一時的な興奮にかられて感情的な反応をしめす。その点，ル・ボン（G. Le Bon）が描きだしたように，群集は，衝動的で変化性にとみ，感情の誇張性と単純性をもった被暗示的な心理をもつといえよう。もちろん，ル・ボンのしめした群集心理は，それ自体重要な意味をもつとしても，今日ではそのままでは通用しないし，またかれが，分類した異質的群集の内容も粗雑さをまぬがれない。とくに，かれが，群集の集合理性を強調し，民主主義のネガティヴな評価に陥ったことも警戒する必要がある。タルド（J. G Tarde）の公衆は，まさにこれと対照的な性格をもつものとして提起されたものであり，逆に肯定的な側面を強くうちだしたものといえる。

　なお，群集の種類としては，（R. W. Brown）のように，活動的な群集を「モブ」（wob）と名づけ，これに対し受動的な群集を「会衆」（audience）として，前者のモブをその行動傾向によって，攻撃的，逃走的，利得的，表出的とに分類し，後者を偶然的なものと意図的なものにわけているものもある。

大　衆　mass

　一般に大衆といわれるばあい，その概念はきわめて多義的であり，また立場によってその価値評価も相反している。たとえばマルクス主義においては，大衆はプラス・イメージのもとにとられており，大衆を構成するものはプロレタリア的勤労大衆と非プロレタリア的勤労大衆をふくめた広い層をさし，大衆にプロレタリアートとしての階級意識をふるいたたせるために，これに対する指導と組織的大衆が重視される。これに対して大衆社会論の文脈からは，大衆は現代の市民社会の形態的変化から，画一的，受動的な砂粒化された存在としてとらえられ，市民的デモクラシーの危機との結びつきのうちにとらえられている。さらに，ロマン的保守主義においては，きわめて貶価的な大衆観がみられ，しばしば群集ないしモッブと同義に扱われている。こうして大衆という概念はそれぞれのとる立場によって，異なった視角からさまざまな評価をまじえてうちだされているため，個々の文脈においてとらえていく以外にないが，しかし大衆社会における大衆にしても，これをもっぱらネガティヴな側面からだけとらえられるものではなく，積極的なエネルギーをしめす面を見落すべきではない。

公　衆 public

　群集とともに，未組織集団の一つにあげられるもので，その用語は，すでに17世紀後半からあらわれていたが，概念のうえで明確化されたのは，タルド（J. G. Tarde）によって群集と区別されてからである。その点，今日公衆という用語が使われるばあい，ル・ボン（G. Le Bon）の群集の観念と対照的にタルドが性格づけた概念がその原型としてとりあげられる。それによると，1）公衆は群集と異なりコミュニケーションを媒介として成立するため，空間的にいくつも存在し，これに分属できる，2）公衆は群集と異なりその結合が自然力に左右されない，3）公衆は持続的で理性に目ざめた合理的存在である，という特徴をもつといわれる。しかしこれはル・ボンの群集との対照的性格を強調しすぎたきらいがあり，かならずしも公衆の性格を描きつくしたとはいえない。ただル・ボンが群集の非合理性を暴露することによって民主主義への不信を表明したのに対し，タルドはその代わりに公衆をおくことによって民主主義の進展をみたといえる。けれどもタルドのばあいもかならずしも公衆に自律的な機能が与えられていたわけではない。

　これに対しミルズ（C. W. Mills）が古典的民主主義のにない手として描いてみせた公衆は，つぎのようなより自律的な特徴を備えている。1）意見の受け手とほとんど同程度に多数の意見の送り手がおり，2）公衆に対して表明された意見に，ただちに効果的に反応をしめす機会を保障する公的コミュニケーションが存在し，3）そのような討論を通じて形成された意見が，効果的な行動として――必要なばあいには現存の権威秩序に対抗する行動として実現される通路が容易に見出され，4）制変化された権威が公衆に浸透しておらず，公衆としての行動に多かれ少なかれ自律性が保たれている。そしてかれによるとこれらの条件が存在しているばあいに公衆社会のモデルがいきているといわれる。

社会実在論　social realism

　社会を認識するばあい、その構成が人間より成っている事実を認めながらも、社会がそれより優越する存在であると主張する社会本質論の総称。

　社会学史において、社会学が科学として成立した段階を論ずるばあい、社会は果たして実在するか（あるいは実在するものと考えねばならないか）が問われた。この問題はその後もつねに方法論の重点の一つとされ、一般に、「社会実在論」(social realism) とよばれた。個人になんらかの影響・抑制・拘束を与えたり強制したりするものとして社会有機体説が源流となったのも、ゆえなきことではない。

　古典的社会学にみられる社会有機体説や、デュルケーム（学派）の「社会学主義」、マクドゥーガル (W. McDougall) の「集団心」(group mind) 論などがその典型である。したがって社会認識の方法論としては、集合主義的アプローチや客観的主義的アプローチをとることが多い。これに対して、社会は単なる個人の集合体にすぎないとする「社会名目論」がある。

　元来、神と人間の実在性についての論争が哲学上の普遍と特殊の実在性論争に移り、これが社会の本質論に適用されたものである。実在と名目をめぐる論争は基本的でありながらも不毛といわれ、問題はむしろ、機能主義的方法をめぐって進展しようとしている。

社会名目論　social nominalism

　社会の概念を規定するばあい、社会の実在を否定し、社会は単なる個人の集合体にすぎないものであり、すべて個人に還元すべきであるとなす主張。タルド (G. Tarde)、ジンメル (G. Simmel)、ヴィーゼ (L.v. Wiese) らによって代表される。

　たとえ、社会科学が社会の実在を肯定しない限り成立困難であるとしても、思想史的にみて、たとえば自然法理論や自由社会のイメージからいえば、個人を離れてときえない領域のあることも否定できない。これが学史上「社会名目論」(social nominalism) とよばれるものである。

　この概念に対立するのは「社会実在論」である。こうした考え方が生まれたのは、自然法論とその社会理論への適用、功利主義、あるいは社会原子論や個人主義などの影響である。神から人間を解放し、しかも個人が合理的判断の主体たりうるとなすところから、ルソー (J.J. Rousseau) らの社会契約説的思想が生まれたのである。これが近代市民社会の原理として容認されれば、おのずから個人が社会より優越的実在となって、社会を名目的存在とみる。しかし、社会が進歩して、各種機能集団や国家などが確立されると、社会は個人の集合以上のものとなる。

社会学主義（仏） sociologisme

デュルケーム（É. Durkheim）およびデュルケーム学派のとった社会学の立場。この学説の特質は，新理学的社会学に対して，社会は社会をもって説明しようとしたこと，さらに社会学以外の諸科学を社会学（的視点）によって包括しようと企図したことにある。前者のばあい社会をいかにとらえようとしたかについては，デュルケームの学説展開の過程で，社会概念の規定がさまざまな内容をふくんでいるが，社会的事実が個人意識に対して外在性をもつこと，あるいは，集合表象によって個人をこえた存在たりうることなどが説かれている。いわば一種の「社会実在論」（social realism）の立場であって「方法論的個人主義」（methodological individualism）とは鋭く対立する。

デュルケーム学派による立論は，フランス社会学の方法論として幅広い指示をうけてはいるが，この学説の是非は，社会学が実証科学として確立され妥当性をもつときに判定されるといわれている。

非変数の一般変数への変換：Durkheim の機械的―有機的連帯の二分法

機械的連帯		有機的連帯
低	社会関係の数	高
低	人口密度（社会密度）	高
低	相互作用の頻度（道徳的密度）	高
低	コミュニケーション率	高
低	輸送率	高
低	人口規模	高
低	コンフリクトの頻度	高
高	コンフリクトの強度	低
低	福祉水準	高
低	生産水準	高
低	生産の質	高
低	知的関心	高
低	感性	高

出所）J. ヘイグ，前掲書，表1－2，p.25.

機械的連帯（仏） la solidarité mecanique

デュルケーム（É. Durkheim）はその処女出版『社会分業論』(1893)において，社会的結合の二類型を提示した。すなわち等質的な成員から生ずる「機械的連帯」と，異質的な成員から発する「有機的連帯」である。機械的連帯は類似による連帯であり，この連帯を基礎とする社会は，あたかも環虫類の各節が類似しているところから「環節的社会」（société segmentaire）と名づけられ，その典型はホルド（群族）に求められた。環節的社会にあっては，成員の機能に共通性が大きい。しかし，「機械的」連帯にあっては，それが最も強力な場合でさえ，人びとを業ほどの力でもって結合するものではない。

彼によれば，分化・異質的ではなく，環節的社会においては共通であった機能を，社会の異なった諸部分が分担し，互いに補完しあう傾向にあり，こうして分業は，相互的連帯＝有機的連帯を生み出すとされる。したがって「一般に機械的連帯は有機的連帯に比して人びと相互を結合する力が弱いばかりでなく，また社会進化のより高い段階へと進むに従って，ますます弛緩していく」。こうして有名な「機械的連帯から有機的連帯へ」という社会進化の図式が提示されたのである。

有機的連帯（仏） la solidarité organique

社会変動の方向を，同質性の優越に代わる異質性の台頭として法則化する試みは，多くは19世紀を通じて支配的であった進化主義の立場から提示されたものである。世紀末のフランスの社会学者デュルケーム（É. Durkheim）に提示した「機械的連帯から有機的連帯へ」という図式もその一つである。

彼によれば，分業とは異なる分化・異質化をいうのではなく，「正常な状態においては」（à l'etat normal）相互的連帯＝有機的連帯をもたらす。それは一種の均衡状態であり，そこでは分担されるべき役割が相互に明確化され，それぞれの役割（機能）がそれに適する能力の持主に公正に配分され，各機能を分担する部分間に規則正しい「交流」（communication）がたえず行われなければならない。もし分業が有機的連帯を生み出さないならば，こうした諸関係が正しく規制されない状態（アノミー状態）にあるためである。こうした無規制状態を克服する，道徳再建のにない手は，もはやコント（A. Comte）が期待した国家や家族ではありえない。デュルケームの「有機的連帯」による社会構造が，「職業的社会」にしめきれる以上，それが職業集団＝同業組合の革新・再編成に求められたのは当然の帰結であった。それは産業家による組織的社会の構築というサン・シモン（C. de Saint-Simon）の構想を世紀末フランス社会の救済策として復活させたものといえる。

ゲマインシャフト（独） Gemeinschaft

テンニエス（F. Tönnies）の『ゲマインシャフトとゲゼルシャフト』（1887）の中において，社会集団，社会関係の原理的・歴史的類型として抽出されたもので，共同社会と訳す。

これは，「本質意志の支配するすべての種類の結合」であり，あらゆる分離にもかかわらず結合し続けている」いわば感情融和の結合である。その結合契機（意志の形式）としては，1）「植物的」な「血」（Blut），2）「動物的」な「地」（Ort），3）「人間的」な「精神」（Geist）があるという。彼は，ゲマインシャフトの典型として，1）血のゲマインシャフト（母子関係，家族，民族），2）地のゲマインシャフト（夫婦関係，村落共同体），3）精神のゲマインシャフト（兄弟関係，都市，ギルド，宗教的共同体など）を例示する。

「ゲマインシャフト的意志は，あらゆる人びとにそのもち分を付与する。」このもち分に従った活動が「天職」（Beruf）としての職業に他ならない。主人と下僕の関係，親方と徒弟の関係も，「信頼にみちた親密で水いらずの共同生活」となりうる。しかし，「ゲマインシャフトは古く，ゲゼルシャフトは新しい。事実としても，名称としても」。

基礎社会

人間社会を成立せしめる最も基底的な契機を血縁と地縁に求めるとき，これを基礎社会（集団）と名づける，高田保馬の社会概念として創始されたが，彼はこの基礎社会（集団）に対して，特定の機能を果たす社会（集団）を基礎生活から派生するものとして「派生社会」と名づけている。血縁的あるいは地縁的紐帯によって成立する社会は，人為的でなく自然発生的であり，具体的には，家族，氏族・部族・民族などが考えられている。血縁・地縁が紐帯になっているため，人間関係は非打算的な愛情によって結合している。

社会学では一般に「共同体」とばれるものでもあるが，社会が発展するにつれ，基礎社会（集団）のもっていた機能は分化してくる。つまり，機能の分化によって目的達成のための人為的社会（集団）が誕生する。テンニエス（F. Tönnies）の「ゲマインシャフト」（Gemeinschaft）という集団の呼称とほぼ同義と解してよい。現代社会では，高度の管理社会が進行し，人間性の触れ合いを欠くばあいが多くなってきている。大衆社会の中で原子化された人間が，疎外感や価値の喪失状況に陥る危機を克服する手段として，基礎社会のもつメリットに対する期待がよせられてはいるものの，たとえば「家族」の解体（＝核家族化の進行）や民族意識の低下などによって，こうした期待も裏切られることが多くなっている。

ゲゼルシャフト（独） Gesellschaft

　訳語の「利益社会」は，複雑な言語の意義を端的にしめしている。利益を追求する社会（関係）においては，「各人がすべて自分自身の利益を追求し，他人の利益はそれが自分自身の利益を保進しうるものである限りにおいてのみ肯定される」。そこに働くものは利益になるかならないかの「選択意志」である。それは「万人が商人である」状態が一般化したものである。その取引においては「一方の利得が他方の損失」となるから，その関係は「あらゆる結合にもかかわらず分離し続けている」。
　こうした「結合の性質」に着目した社会集団類型論として，テンニエス（F. Tönnies）の『ゲマインシャフトとゲゼルシャフト』(1887) のそれは，原理的類型であると同時に，歴史的類型としても大きな影響を与えた。
　ゲゼルシャフト的結合は「虚名の結合」であり，その社会は，いわば「幻想の共同体」にすぎないという。「国家はゲゼルシャフト的発展の奉仕者」であり，近代社会における労働も休養も歪められ，苦痛としての工場と快楽としての酒場とに分かたれる。かくて大都市やゲゼルシャフト的状態は，一般に民衆を破滅させる」。これが近代化＝ゲゼルシャフト化の実態である。テンニエスの著書はすぐれた近代批判の書でもあった。

派生社会

　高田保馬の社会学における社会概念の一つ。彼は，社会の形態分類を行い「基礎社会」と「派生社会」の二類型を設定し，さらに後者を「同類社会」と「目的社会」とにわけているが，いずれも，地縁，血縁を紐帯とするものでなんらかの機能（このばあい意識的協働を営むこと）を営む基礎社会から派生したものとみる。
　人間の生活は，まず家族や氏族のごとき基礎集団形態をとって営まれてきた歴史をもっているがこれが社会生活の全体をなしていた時代はきわめて短く，人智の発達，社会圏の拡大にともなって，基礎集団のもっていた機能は徐々に分化するとともに，あたらしい機能をもつ集団が人間の欲求の多様化に即して生まれてきた。たとえば「利潤追求」という目的のためだけに「株式会社」を作り，「教育」と目的達成のために「学校」が，「宗教的なもの」を求めるために「教会」が生まれたごときである。したがって，組織集団は無数に発生するが，集団として維持・存続・発展のために組織やメンバーをコントロールするしくみが必要とされる。しかもあくまでこうした集団への参加・脱退は個々人の自由意志による。機能集団が多くなってくると，個々人は多数集団への帰属が多くなるとともに，複数集団への分属形態をとり，ばあいによっては，集団への忠誠意識が矛盾を招来することがある。

第一次集団　primary group

　クーリー（C.H. Cooley）の提示した集団類型。彼がこの概念構成にあたって特に強調したことは，それが小集団であること，人間形成の機能をもつということであった。この典型的な例としては家族，遊戯集団，近隣集団があげられる。第一次集団の規模は小さいから，直接的接触を基盤とし，なかば無意識的に形成される。その成員には一体感が強く「われわれ意識」をもつ。第一次集団はわれわれが幼少期に通過する集団であり，そこから人間性や理想が形成されることになる。

　しかし近代社会においては，目標が無限定的な第一次集団に代わって，限定的な第二次集団に移ってきた（ゲマインシャフトからゲゼルシャフトへ）。こうしてその生してきた巨大な第二次集団のなかにも，「新しい」第一次集団の存在することが「発見」された（ホーソン実験，インフォーマル・グループ）。

　近代化にともなう都市化過程においても「第一次集団的価値の再発見」がみられる。これはアーバニズム論の再検討を，コミュニティ・オーガニゼイションの方向に資するという形で提起されているものである。

第二次集団　secondary group

　クーリー（C.H. Cooley）の提示した「第一次集団」の概念に対し，アメリカの社会学者たちが作りだした概念である。近代社会に特徴的な，共同目標が限定的な集団。その特質を第一次集団と比較すると，1）より大規模である，2）間接的接触への依存度が高い，3）意識的に形成され，フォーマルな規模が存在する，4）成員相互の関心が特殊で，一体感がより弱い，5）協働が結合関係に先行する。

　第一次集団と第二次集団に対応する社会関係を，それぞれ「第一次関係」（primary relation），「第二次関係」（secondary relation）とよぶことができる。両者の相違点は，1）関係を結ぶ者の間に，前者では同一の目標が存在するが，後者では必ずしもそうとは限らないこと，2）前者では関係自体が目的または価値をもつのに対し，後者では他の目的の手段にすぎないこと，3）第二次関係では（前者に反し）相手の人格全体は直接的関心の対象ではなく，人格の部分にふれない関係にとどまることなどである。これらの特質を高度に具現している集団として，企業体，政党，労働組合，委員会などがあげられる。その典型的なものとして，一般に官僚制とよばれる構造・組織をもつ第二次集団の存在が，疎外をふくめたその逆機能の分析を中心に，大きな問題となってクローズ・アップされている。

社会関係 social relation （独）soziale Beziehung

社会的行為のにない手の間に、相互に影響し合う比較的に持続的かつ安定した接触が行われているとき成立する関係。その前提には、相互作用が存在するが、しかし理論上は、さまざまな具体的相互作用のなかから、(これは一応顕在化しており観察も可能である) 一般的なパターンを作り出して検討する。相互作用説はすでにジンメル (G. Simmel) の提唱したところであるが、社会関係については「関係学」(Beziehungslehre) を提唱したヴィーゼ (L.v. Wiese) が、有名である。彼は関係様式を「結合」と「分離」の二要素とし、これらがつねに関連し合ってさまざまな社会現象を生み出すと考えた。彼はこれから出発して「社会過程」(sozialer Prozess) という動態面の把握、両者の均衡から成る「社会形象」(soziales Gebilde) の三つの柱を理論的に構成したので著名である。アメリカ社会学でも「役割と地位」(role and status) 論の中で社会関係が論ぜられている。「相互交換的」(reciprocal) な社会関係を前提として、関係のパターンを水平的と垂直的にわけている。前者はいわば平等の影響力を与えあう関係、後者は影響力の差をもつ関係で、具体的には支配・服従ないし指導・被指導となる。

社会関係を「生産関係」において社会経済構成体論を樹立したマルクス主義的社会論によれば、「関係学」は「個人の社会的行為から出発して社会構造まで説く方法論的個人主義」であり、批判の対象となっている。

社会過程 social process （独）sozialer prozess

「社会関係」(social relation) が持続的に変化し発展していくダイナミックな過程のこと。社会を動態的に理解しようとする考え方は、すでに古典的社会学 (たとえばコントのdynamique social) において問題視されたが、広くは変動論として理解された側面をもつ。近代社会の成立発展を跡づけるためにも、過程として社会が発展していくとする視点が要求されたことにも起因して、この概念が多くの社会学者のうけいれるところとなった。また注目すべきは、ヴィーゼ (L.v. Wiese) のそれである。彼は社会関係を作りあげていく多くの人びとの相互交渉を重視するとともに、他方、静態的な社会にみられる「社会形態」(soziales Gebilde) と対照的にこの概念をみている。関係学の視点からみて社会関係のプロセスである限り、社会の様式によって二つの方法がみられる。一つは結合関係、他の一つは分離である。この両者がそれぞれ程度を異にしながらパラレルに存続して全体社会の均衡が保持されるわけである。動態的にみるにせよ、またそれが結合と分離の二方向をとるにせよ、学史的にみれば、この見方は社会学の共有財産となって、アメリカ社会学 (クーリー、ロスなど) にも導入されて影響を与えたり、独自の発展 (論理的な

説明要因の新しい提唱)をとげた。

内部体系　internal system

集団や組織を「自然的体系」(natural system)としてとらえるホマンズ(G. Homans)の考え方は，一方では組織が存続・発展してゆくために，たえず解決してゆかねばならない内部問題の存在を強調し，他方では環境との間に存在する外部問題に注目する。そこで彼は，前者の自律的な内的発展の側面を「内部体系」，後者の環境と相互に関連する側面を「外部体系」と名づけた。

内部体系が形成され，発達する様式として1)分化，2)標準化，3)加工，があげられる。

1)分化については，「下位集団の行動は，すべての下位集団が所属しているより大きな集団の統制によって課されためる限界まで，他の下位集団の人びととますます分化するようになるかもしれないというのである」。つまり各下位集団は，それがいわば他の下位集団と「対外関係」をもちながらも，全体としての集団の部分であること，この両側面において特徴をもつということである。

2)標準化のモデルとしては「人びとが互いにひんぱんに相互作用すればするほど，ある局面で，彼らの活動および感情はますます同一になる」傾向があげられる。しかし同調を進める力と同じく分化を進める力が存在する。

3)加工とは，内部相互作用の過程を通じて「社会体系が充実しあるいはそれ自体加工するということである」。

外部体系　external system

ホマンズ(G. Homans)は，社会体系としての集団の，環境によって規定され，環境と相互に関連する集団行動の側面を「外部体系」，自律的・内部的発展の側面を「内部体系」と名づけた。

外部体系と関連する「環境」として，彼は物理的環境，技術的環境，社会的環境をあげた。ホワイト(W.F.L. Whyte)は社会的環境をさらに分割して，狭義の社会・文化的環境，法制的環境(フォーマルな集団では，上位の集団によってあらかじめ規定された規則もふくむ)，経済的環境(上位組織の定める給与の額・形態等もふくむ)とした。両者とも，集団と組織をともに社会体系として一括し，考察の素材を主に職場集団に求めている。

前者によれば，「われわれが外部体系――内部体系とよぶ集団生活の二つの面は互いに連続的である。その間の線はわれわれが選ぶところに勝手に引ける」。ホーソン工場の例から，内部体系は外部体系から生まれ，それに反作用するものであり，この点は生産高の問題に最も明白にあらわれる。「しかし生産高はひとり外部体系

のみによって決定されるのではない。それはまた内部体系によって、特に集団の規範、そしてこれから規範に結びついた社会的秩序の関係によって決定される」。

イン・グループ in-group

本来社会集団は、われわれの生活関心を何らかの形で充足させる場であると考えられる。われわれが自己の属する集団に愛着や帰属感をいだき、その存続を希望し、さらにはその発展・強化を求めるとき、その集団をいう。集団における秩序や制度は、その成員によって程度の差こそあれ受容されており、いわゆる「集団意識」（groupconsciousness）が成立している。したがってイン・グループとアウト・グループ（外集団）との区別は、個人または集団的主体の意識による主観的区別である。しかしイン・グループの形成過程は「生まれながらにして、またその家族によって自動的に授けられる」ことが少なくない（オルポート『偏見の心理』1954）。

さらに局地的小宇宙である共同内部での成員相互の関係では、家・同族意識と郷党意識に代表される「閉じた道徳」が優越する。このような意識現象をウェーバー（M. Weber）は、「対内道徳」（Binnenmoral）と「対外道徳」（Außenmoral）の二重性としてとらえた。これはジンメル（S. Simmel）の設定した「対内結束と対外排斥との同時性」という仮説にも通ずるものであろう。他の集団との抗争や集団の内部的危機状況においては、「集団の凝集性」（group cohesiveness）がたかめられ、こうした集団意識は、しばし政治的支配・世論操作の道具として権力の利用するところとなる。

アウト・グループ out-group

個人が帰属意識をもたず、それに違和感や敵意をもってのぞむ集団をいう。サムナー（W.G. Sumner）は、アウト・グループとの関係は、協定によって緩和されない限り、戦争と掠奪の関係であるとまでいっている。これは協同体の成員以外は潜在的な敵とみなすという封鎖的な「対外道徳」（Außenmoral）は、端的に示したものにほかならない。

これが地域社会レベルをこえ、民族や国家の次元において生ずるばあいには「民族中心主義」（ethnocentrism）となり、政治権力にとっても格好の支配の道具となる。いわゆる愛国心の高揚のため、シンボル操作によって対外的敵意をあおることは、戦時には通例の宣伝方法であり、たとえ戦時でなくとも、国家的統一の維持・強化を図るために、こうしたシンボル操作が試みられる。その結果、対外的敵意は「内部の敵」を作りだし、これを攻撃し、社会的に葬ることまであえて行う。ナチス・ドイツが、ユダヤ人というスケープゴートを設定したこと、戦後のアメリカにおけるマッカーシーの「赤狩り」などは、ファナチックな集団意識の高揚と結びつ

いたことによって成功した例といえよう。集団意識における一定の感情的な態度成立は，集団の存続，発展を求める集団意識に即応しており，アウト・グループに対する集団の凝集性が高まるとき，集団意志は強く発揮されることが多い。

社会制度 social institutions（関係的制度・調整的制度）

人間が社会生活を営む中で，他人とのかかわりあいを通じ，特定の行為様式が組織化され，承認され，定着したものをいう。このように，制度は人間が作りだしたものにほかならないが，ひとたび作られた制度は，人間を拘束・規制するものとなる。

さまざまな制度が作られてくる根本的要因は，学者によって異なるが，チェイピン（F.S. Chapin）は，人間の基本的要求と考えられる性欲・飢・恐怖心などに対応する個々人の相互作用の仮復定着に由来する各種制度の成立を論じている。またパーソンズ（T. Parsons）は「関係的制度」（relational institution）と「調整的制度」（regulative institution）と大分して，前者は性・年齢・役割などの関係から生まれるもの，後者は目的・手段，権利義務の規制などの調整から生まれるものとし，さらに，イデオロギー，宗教，象徴体系などの「文化的制度」（cultural institution）をあげている。

制度間に相反的・相補的なものが存在することは容易に考えられる。新旧制度や合理的・非合理的制度の対立も同時的に存在する。

したがって制度はつねに可変的・相対的である。また「社会体制」（social system）からみれば，社会制度の動態的理解の可能性により明らかにされるとする立場も存在する。

第Ⅱ部　近代社会学と日本

3章　スペンサーと日本社会学の形成[1]

　森有礼（1847－89年）は，おそらくスペンサーの著作に親しんだ最初の日本人であろう。彼は1873年の設立の年に因んで命名された明六社の指導的メンバーでもあった。[2] 明六社にはコントの実証主義を導入した西周，啓蒙思想の宣布者であった福沢諭吉，そして加藤弘之がいた。その中でも加藤（1836－1916年）は，若干の日本社会学史の研究家を除けば，日本の社会学者に無視されている社会思想家の一人である。[3] しかし彼は，日本が高等教育の近代的制度を確立するために努力していた初期の段階において，もっとも影響力のあった学者の一人であった。彼もスペンサーをドイツ語訳で読み，1882年に出版した『人権新説』において，明治政府に「上等平民」を西洋のブルジョアジーと同水準へと引き上げるよう提唱したのである（同書12条）。[4]

　明六社の他のメンバーと同様，加藤は侍の息子としての儒学教育を受けたが，彼の父は出石藩の兵学師範であり，彼は西洋の砲術などの実験的方法に関心を抱くようになる。彼の実験的方法への選好は，後年『人権新説』の基調となる。彼は江戸在勤を命ぜられた父に伴われて江戸に行き蘭学を学ぶが，後に蕃書調所の教授手伝の時ドイツ学に着目してこれに転じた。彼のドイツ学への転向は，当時としては全く例外的であり，蘭学を学んだ若い侍の大部分は，英学（福沢，西）または仏学に転じたのである。

　1861年（26歳の時）加藤は自然権の理論に基づく処女作『隣艸』を著したが，同書で彼は日本の改革よりも隣国である清国の例を引いて，改革が必要であるという希望を用心深く表明した。彼の日本に対する希望は幕藩体制が一種の立憲制度を基に再編成されるべきだというものであった。こうして彼は日本における立憲主義の先駆者となった。明治維新の後も，彼は立憲主義に関する著書を次々と出版した。『真政大意』（全二冊，1971），『國體新論』（1875）である。しかし1880年代に彼は，不平等と近代的連帯との両立が社会統合の鍵であると

デュルケームが「社会分業論」(1893)で10年後に述べたのと同様に（天賦人権説の「妄想ニ出ル所以ヲ」論じて）突然転向し、自由民権論者の厳しい批判を浴びたのである。[5]

すでに指摘したとおり、加藤は英語を学ばなかった。もし彼の政治的転向が、英米の思想家や文人の書を読むことで促進されたとすれば、それは彼が日本語かドイツ語の訳書に依存しなければならなかったことになる。スペンサーについては、加藤が論議をよんだ『人権新説』を著す前に、『社会学原理』第1巻を含めて、10冊も翻訳されていた。実際スペンサーの著作は、1870年代と80年代には日本の知識人の間で最も人気が高く、この20年間のスペンサーの翻訳は21巻に達しており、同時期のジョン・スチュアート・ミルの訳書12巻、これに次ぐジェレミイ・ベンサムの9巻を凌いでいた。なかでも最も人気のあった訳書は、松島剛訳の『社會平權論』と題した「社会静学」で、数十万部も売れたという。[6] 事実この訳書は、自由党員のみならず一般読者に大きな影響を与え、自由党の指導者板垣退助は、この本を「民権の教科書」と賞賛したといわれる。訳書6巻のうち1巻は、加藤が『人権新説』を執筆する前（1881年）に刊行されていたが、加藤は自著の巻末で、同書についてはページは引用せず、単に『ソーチャル スタチック』と独語訳の名を上げているに過ぎない。加藤は執筆前に『社會學原理』訳書第1巻（乗竹孝太郎訳、1882）を読んだだけであったのだろうか。実際のところは、彼はドイツの月刊誌『コスモス』（1878年創刊）を定期購読しており、約10年間のバックナンバーは、東京大学図書館にその後保存されている（加藤は東京大学の創立された1877年、初代総理＝総長に任じられた）。『社會學原理』第2巻第5部（1～12章）の独語訳は、1880年から82年にかけて同誌に連載されたが、同誌こそまさに、加藤の進化論に関する知識の情報源だったのである。[7]

さらに、スペンサーの著作は、外山正一（1848-1900年）のみならず、アーネスト・フェノロサ（1853-1908年）によって、すでに東京大学の学生たちに紹介されていた。フェノロサがロンドンで逝去した時、『哲學雜誌』は1908年

> ラシテ大ニ之ヲ論セリ其他有名ナル彌爾氏（英）ノ如キニ至リテモ其
> 著書自由之理ニ説ク所ノ全体ノ旨趣ヲ以テ推考スルトキハ同ク天賦人
> 權ヲ信セシコト敢テ疑フヘカラス幷ニ斯邊撤氏（スペンセル）ノ如キモ其著書社會權
> 衡論ニ於テ論説スル所ヲ視レハ同ク天賦人權ヲ實存スルモノト認メ
> シコ是亦疑ヲ容ルヘカラサルナリ蓋シ是等卓見高識ノ學士ニシテ猶
> 未タ此妄想主義ヲ脱スルコ能ハサルハ實ニ怪マサルヲ得サルナリ
> ○第二十條　余モ亦從來天賦人權主義ニ心醉セシカモ近日始テ進化
> 國体新論等ヲ著シテ其中ニ大ニ此主義ヲ主張セシカ氏ニ曩ニ眞政大意
> 主義ノ實理ヲ信セシ以來頻リニ天賦人權ノ實存ニ疑ヲ生セシカハソ
> レヨリ諸氏ノ書ニ就テ天賦人權主義ヲ駁撃セシ説ハアラサルヤト種

「人權新説」、外山正一の手択本（東京大学総合図書館所蔵）

解説《「人權新説」第十九條―二十條、前ページ》

加藤＝外山論争の舞台となった『東洋學藝雑誌』には、いわば「学士」の同人雑誌ということのできる性格があった。「大学」が他になかった時代であるから、外山のユーモアのある辛辣な文章も、加藤をからかった狂歌も許容されうるものであった。

外山は三月号の論文で、「其實は矢張り吾人々類の眞に他の動物と同源に出でたるものを知らざるものなり抔と云はれたるこそ、抱腹絶倒の至なれ」と、加藤のスペンサーに対する理解の浅さを指摘する。

外山は一月号の論文「人権新説の著者に質し併せて新聞記者の無學を賀す」では、スペンサーに関しては全く言及しておらず、二月号に載った加藤の「復駁」にミルやスペンサーについて、初版第十九條の見解が繰り返されているのを確認して「抱腹絶倒の至」と痛撃したのである。こういう訳で、「人権新説に就いて見るに加藤氏の駁撃せられたるは全く過激な天賦人権説のみにして、静穏なる天賦人権主義をも併せて非とせられしとは如何にも思はれぬ

なり、何となれば人権新説の如きは巻首より巻尾まで始終罵詈然たる語を用ひられ、反對論者のことは常に之れを妄想論者と呼び……小冊の書なるには「妄に」の語の如きは實に二十九度の多きに至れり……「妄想論者」「怨に」の語は四度「妄に」の語は十一度」

人権新説に就いて加藤氏の進化主義を考ふるに、氏の進化主義は果たして眞正の進化主義と云ひ得べきものなるや否は、容易に判決する能はざるものなり」

と結論する。

外山との論争に敗れた加藤も、『東洋學藝雑誌』にはその後も寄稿を続け、彼の代表作となる『強者の権利の競争』（一八九三年）に至る課程で、数々の「生存競争」に関する論文を寄せ、論争を試みている。同誌が学術雑誌にふさわしい率直な論争の場を提供していたことは、それなりに評価してよいではないだろうか。

（掲載論文については、詳しくは本章七三ページ注3の追記―この解説の全文は、本書七八ページ「参考文献」の拙論参照）

12月号で，次のような記事を掲げ，その死を悼んだ．

　　フェネロサ氏は（原文のママ），外人として東京大学に於ける最初の哲學教授なりき．其の在職は，明治十一年八月十日より十九年七月三十一日に至る約八年間なり．（中略）当時哲學の教授には，故外山博士あり．フェネロサ氏と相並んで正に文科の双璧なりき．[8]

　日本に到着直後の1878年の11月と12月に，フェノロサは東京の浅草で，スペンサーの『社会学原理』第1巻（1876）に基づいた宗教進化論の公開講演を行っている．[9]彼の「申報」によれば，大学では最初スペンサー社会学の概略を政治学「本科ノ始メニ」講義したというが，実際のところはスペンサー社会学の講義に終始したようである．事実，1878（明治11）年度の政治学の試験問題では，6問中5問までがスペンサー社会学に関するものであった．

　外山も（加藤と同様），東京大学の設立と共に教授に就任し，まず英語，論理学，心理学を教えた．1881年の新カリキュラムの導入によって，彼は（西洋哲学と）西洋史を教え始め，その中で英国憲法史の序論としてスペンサーの社会学を略述した．ただフェノロサも外山も，スペンサーの漸進的進化説を支持しており，この点では文部官僚としての加藤のとった立場とのあいだに極端な差はなかったといえよう．

　清水幾太郎は「スペンサーにおける二つの魂」として二つの思想を示した．その一つは自然法の思想である．それは市民的社会の原理としての個人を中心とする思想であり「封建的圧制との対立における個人の自由なる活動の弁明がその任務であった」．もちろんこれは自由民権運動の原理を基礎づけるものとされたのである．

　いま一つは，自然法の思想に対立する有機体説，あるいは全体主義である．「そこでは社会的なるものは個人の中に解消されるのではなくして，前者は後者の上に立って優れたる力と価値を担ふものとされ，個人は社会の前に拝跪す

ることを強要される」。これは明治政府によって採用された路線とも一致していたと考えられる。

すなわち「偉大なる啓蒙の世紀を担った人々に共通なる自然法の思想とロマンティク的なる有機体説とのスペンサーにおける結合」を提示し，スペンサーに内在していた，この相いれない「二つの魂」が，明治の前半期において厳しく対立していた両陣営に受容されたと主張して，ここから日本の社会学の成立と，その性格を規定しようとしたのである。

さて「スペンサーの中に住む右の二つの魂の結合から，吾々は日本に於けるスペンサーの運命の秘密を解明する鍵を与えられるのである」と宣言した清水は，日本における社会学の成立の特色として「個人主義的自由民権思想が国権主義的社会有機体説に克服せられるところに，スペンサーに於ける自然法的側面が彼の有機体説的側面に克服せられるところに，そして根本的にはこれを担ふ社会的現実の構造の中に社会学は成立する」とした。[10]

マルクス主義をもって社会学を克服しようとしていた当時の清水は，マルクス主義の思想的源流の一つでもある自然法の思想をより普遍的と考え，その限りにおいてスペンサーを評価し，国家有機体説によって自然法的側面が軽視されていった「日本に於けるスペンサーの運命」を，一見きわめて明快に説明したのである。しかもこの説は，余りにも明快であったためか，戦後も1960年代半ばに高橋徹が「日本における社会心理学の形成」の文脈で批判し，「民権論そのもののなかにこれら両側面が，客観的にはシンクレテイックであっても，主観的にはオーガニックに結合して共存していた」と主張し，自由民権の思想こそ日本社会学の初発形態とみなした批判もあるが，日本の講壇社会学を自由民権運動に対立するものとして把握していることでは，清水と共通の理解に基づいているといえよう。[11]

当時の自由民権論者がスペンサーをその理論的武器とする場合は，ほとんどその自然法的自由平等の思想，特に『ソーシャル スタチクス』(Social Statics, 1851)で展開された議論にそれを求めたことは確かである。スペンサーの社会

有機体説を理解して、援用したのは馬場辰猪くらいのものである（後述）。

それでは多くの民権論者が共鳴した『ソーシャル スタチクス』とはいかなる書物だったのであろうか。原著は本文476ページの大著である。その構成は緒論のほか、それぞれ第一部（第1－3章）、第二部（第4－17章）、第三部（第18－29章）、第四部（第30－32章）となっているが、総論に当たるのは第二部第6章までで、第二部の残りと第三部が各論、第四部が要約と結論に当る。私が多くの社会学者が使用する「社会静学」という書名を敢えて避けたのは、この書物の内容が、コントによって使用された「社会動学」の対概念としての用語法とは異なり、スペンサーは進化の極致としての静止状態にある社会、つまり理想社会のあるべき姿について論じているからである。この点から見ても、社会静学というよりも、松島剛の達意の名訳によって明治のベストセラーの一つとなった訳書の『社會平權論』(1881－83)という書名の方が、その内容をより端的に示しているともいえよう。以下、松島の名訳と原著の初版の用語を対照しながら、スペンサーの民権論者に対する影響を考察していきたい。

スペンサーが緒論のテーマとした「便宜主義」(doctrine of expediency：ベンサム流の功利主義のこと)とは「政府ヲ延テ己ノ社中 (partnership) ニ入レ、之ニ委スルハ社務ノ総管 (entire control of its affairs) ヲ以テシ、凡百ノ裁決ヲ以テセリ。之ヲ約言セハ彼レ便宜主義ハ政府ヲ仰セ以テ其精神命脈 (the very soul of its system) トナスモノナリ」として、ベンサム主義の中央集権的な立法者の発想を批判する。

便宜主義に代るべきものとしてスペンサーが提示した「道義感情」(moral sense)とは「全社會ノ幸福ニ必要ナル正言方行 (upright conduct in each being necessary to the happiness of all) ヲ人ニ勧ムル官能」である。さらに第二部第4章「道義原理ノ由来」第二節において、スペンサーは幸福を追求する官能 (faculties) の作用から「自由ヲ有スルノ權理」へと論を進める。

偖、天 (God) ハ　人類ノ幸福ヲ好ミ、而シテ人類ノ幸福ハ、其官能ヲ作用

スルニ由リテ,唯得ラル可シトセハ,則チ天ハ人類ノ,其官能ヲ作用センコ
ヲ好ムナリ,詳ニ之ヲ言ヘハ,官能ヲ作用スルハ人類ノ義務ナリ（It is a
duty to exercise fulfilment of his faculties）,何ニトナレハ,義務トハ,天
意ヲ履行スルノ意義ナレハナリ（中略）然レ共,此義務ヲ盡サントセハ,必
ラス先ツ,行為ノ自由ナカル可カラス,此自由ナクシテ,豈ニ能ク其官能ヲ
作用スルコヲ得ンヤ（中略）即チ天ハ人類ヲシテ,此自由ヲ有セシメンコヲ
欲スルナリ,詳ニ之ヲ言ヘハ,人類ハ此自由ヲ有スルノ權理アリ……
　第三節　夫レ然リ,然レ共,斯權理タルヤ,一人ノ權理ニ非スシテ,萬人ノ
權理ナリ,蓋シ,萬人,等シク,天賦ノ官能ヲ有スルヲ以テ,亦等シク之ヲ
作用シテ以テ天意ヲ履行スルノ義務ヲ荷ヘリ（All are bound to fulfill the
devine will by exercising them.）故ニ,萬人,等シク之ヲ作用スルニ缺ク可
カラサル事ヲ為スノ自由ヲ有セサル可カラス[12]

　この引用だけでも,個人の「自由ヲ有スル權理」が萬人の有すべきものであ
り,それを「天意」と「道義」に訴えて強調するスペンサーの議論の迫力を伝
える松島の翻訳が,土佐をはじめとする全国の自由民権論者に熱狂的に迎えら
れたことを推察することはできよう。松島の訳書が当時の民権論者たちにどの
ように読まれたかを示す資料はきわめて乏しい。わずかに竹越与三郎が『新日
本史』の中巻で,訳書の反響について記している。

　其一たび譯出さるるや先づ之れが為に最初の洗礼を受けたるものは板垣退助
なりき。此大首領が一たび此書を手にしたりとの報あるや,社會活気の口火
たる果敢有為の好青年挙って此書を翻きしかば,社會平權の精神は浩浩滔滔
として社會に注入し来り——
　此に於てか,一旦ミルを謳歌せるもの,靡然として相率ひてスペンセルに赴
けり。[13]

すでに日本に導入されていた，ベンサムやミルの「便宜主義」に満足できなかった民権論者たちが，松島訳でスペンサーの理論に接し，わが意を得たと感じた理由は，世紀末に土佐の『土陽新聞』に連載された「土陽新聞小歴史」の伝えるところによれば，「武門に成長し，武士の教育を受けたる人士」は「ミルの所説たる自由の理の大部分とベンサムが其理論の所謂「最大衆民の最大幸福」の旨趣は大に之を歓迎したるも，其武士道に反し殊に快楽苦痛を以て正邪善悪の標準と為すに至りては極力之を駁論」したが「スペンサーの説を知るに及んで，其自由主義は實利に基かずして道義感情に基き，其所論一層斬新奇抜なるものありしかば，双手を挙げて之を歓迎」したのであった。[14]

こうした「道義感情」の重視は，スペンサーにならってその社会進化論を展開した有賀長雄が，「凡そ道理に於て国家の存立に害する事明なる事物は悉く之を除き，道理に於て国家の存立に益ある事物は悉く之を領す」道理一統の世を，進化の最終段階と想定し，国家と社会を同一視していることにも，大部分の民権論者との共通性がみられよう。[15]

有賀はスペンサーと同様に一種の理想社会としての「道理一統の世」を想定しているが，スペンサーがあくまで理想「社会」を想定しているのに対して，有賀は「国家」とすり換えたともいえよう。有賀はこの件について『國家學』(1889)で次のように弁明している。

嚮ニ「社會進化論」ヲ著スニ当リ國家ト社會トヲ區別セス，國家ヲ以テ社會ノ成熟シタルモノト看做シ，國家盛衰論ヲ以テ該書ノ第三部ト為シタルハ，英國ノ學者スペンセル氏（其一ナリ）二社會國家ノ差別ニ関シ明瞭ナル議論見エザルガ故ナリ。

この弁明は，スペンサーの理論に多少とも通じた人には，欺瞞と見られても仕方がなかったであろう。スペンサーが，最小限支配国家を終生一貫して唱えていたことはいうまでもないが，仮に有賀が『ソーシャル スタチクス』を読

んだだけであっても、松島剛のようにほぼ正確にスペンサーの論旨を把握できたとしたら、スペンサーに国家と社会を区別する明確な理論がないなどと、非をスペンサーに押しつけることは到底できなかったはずである。したがって、有賀が著書『社會進化論』において、国家と社会を区別しなかったのは、有賀の無知によるものなのか、あるいは意図的に両者を区別せず、巧妙なすり替えを行ったのかは、機会を改めて検証する必要があろう。ただ有賀が敢えて独自の国家盛衰の7段階説を同書で展開した所以は、国家変動の理は「社會學中の大難事にして、古来未だ確実の説のある人無く、斯べんせる氏の如きも其著未だ結末に至らざるゆへ、持論の在る所察し難し」ということであった（同書 p.248）。つまり有賀は、スペンサーの『社會學原理』が刊行中であることを理由に、独自の国家盛衰段階論を展開したわけであり、その著作が「社會學」の題名をつけていても、最初から国家進化論を展開していたわけである。有賀はスペンサー社会学の研究者として、その社会進化論に拠っているものの、かつて丸山真男が森有礼や多くの民権論者について指摘したように「私的＝日常的な自由を権力の侵害から防衛するためにこそ全権力体系の正当性を判定する根拠を国民が自らの手に確保しなければならぬという発想」を欠いていたということができよう[16]。有賀がドイツとオーストリアの、特にシュタインとブルンチュリの国家学に学んで帰国した後は、大学時代に学んだ英米思想から離れ、完全に国家有機体説の側に立った所以である。

　清水は外山正一については特に重要な考察の対象とはしていないが、これは外山の立場が国家有機体説の側に立っていたわけではなく、また政府と民権論者との中間の第三者的立場をとった論調が多いこと[17]、また民権論者や加藤弘之を批判した論文の中でも、スペンサーについては必要最小限で言及するのみであり[18]、有賀ほどの体系的著述は残していないことによるものと考えられる。外山の著作集『ゝ山存稿』の巻頭に、外山の教え子の三上参次によって記された「小傳」に、講座制設立以前の文科大学学長［文学部長］時代の、外山の講義の様子が描かれている。

明治十八九年より二十四五年頃までは，先生は，いよいよスペンサー氏の書物を多く用いられた。即ち「フォルト，プリンシプリ」[First Principles]をはじめとして，倫理學，生物學，社會學等に於ても，皆スペンサー氏の著書を教科書とせられた。しかし先生の講義は，是等の書物より，其の要領を抜翠して，英語で口授せられるることが多いのであって，その「ノートブック」の，可なりに古色を帯びたる様子は，随分學生の目に止まったものである。……二十六年に，講座の制度が成立するに及んで，先生の専門はいよいよ社會學と定って，その講座を擔當せらるることとなり，例の如く壇上に立ち，……先生のスペンサーを祖述せらるるや，學生中には之に満足せず，先生が，普く諸家の説を咀嚼して，一新機軸を出されんことを希望する者もあり，或は先生を以て，スペンサー論読の番人視するが如き者もあって，直接に先生に向って，講義の注文をする者の如きさへあった。……當時先生の講義に不満を抱いた學生も，後年に至り，かえって先生の講義の方法は，實際に適切なものであったらしいと感悟し，敬服するのである。[19)]

当時，文科大学長として公務に忙殺され，心理学のほか倫理学，生物学，歴史学までも担当した外山としては，諸家の説を消化して自分の理論をまとめる時間的余裕などなかったと思われる。このような事情で外山が新設の社会学講座の教授に就くわけであるが，制度化されただけでは清水のいうような「国権主義的」社会学が成立するといえる段階ではなく，それは建部が講座を担当する今世紀初頭と考えられる。もちろん有賀の『社會学』を以て社会学の成立とする見方もあろうが，同書の国家盛衰論以外の部分はスペンサーの祖述であり，「国権主義的」社会学の先駆と考える方がむしろ妥当であろう。

次に，馬場辰猪に対するスペンサーの影響についても簡単に触れておきたい。馬場の思想と生涯については，1967年に出た萩原，西田両氏それぞれの優れた研究があり，著者が特に付け加えることもないので，スペンサー社会学の影響という点に絞って紹介と論評を試みたい。馬場は土佐藩士の次男として生ま[20)]

れ，藩命によりまず慶應義塾で英語を学んだ後，維新後は土佐藩留学生5人の中に選ばれロンドンに留学，のち一旦帰国後再び英国に渡り，通算7年余りの留学生活を送った。帰国後，自由民権運動の高揚期には地方遊説に活躍し，1882年に創刊された自由党機関誌『自由新聞』の主筆となったが，板垣退助の外遊に強く反対したためその地位を追われ，自由党を脱退した人物である。

馬場は1882年7月1日から8月27日まで「本論」と題する原論的色彩の濃い長編の論文を，当の機関誌に連載したが，上記の事情で中断し，未完のまま終わってしまった。この力作の中で彼は「自由ノ何者ナルカ」を「心性上ヨリ説出」し，思想，言論および行為の自由の重要性を指摘して，これらの自由の前提となる「社會」の進化論を展開する。つまり「動物ト社會ノ成長スルニ従ヒ其器械ノ区別ヲ増加シ各種ノ作用ヲ生ズル」社会進化のメルクマールとして「簡単ノ区別ヨリ複雑ノ区別ニ進ム者」，即ち「動物ト社會其ノ上等ニ進ムトキハ其作用愈々親密トナリ決シテ相分離スルヲ得ザルモノナリ」とする[21]。これはスペンサーの唱えた，分化と複雑さの増大，同質性から異質性への進化の原理であり，此概念はまず世紀末のデュルケームに，次いでパーソンズへと継承された概念である。またスペンサーの社会進化論を自由民権運動の理論的武器として活用しようとした馬場の例だけをみれば，自由民権運動の思想に日本の社会学の一つの源流を求めようとする高橋の主張も，社会学を近代的市民社会の思想と規定する限り，それなりの説得力をもっている。

自由民権論者の主張は，ややもすれば政治的自由の主張に偏りがちであったが，馬場の場合は単なる政治的自由の主張にとどまらず，日常的レベルをも含めた市民的自由の確立をスペンサーの理論を駆使して主張したことに大きな特徴があるというべきであろう[22]。

というのは，すでにみたとおり，「武士道に反し殊に快楽苦痛を以て正邪善悪の標準と為す」ベンサムに反発した多くの民権論者たちが，「其自由主義は実利に基かずして道義感情に基」くスペンサーに共鳴したとしても，彼らの多

数が松本三之介のいう「士族民権的エトス」，即ち「市民的自由の軽視と結びついた政治への過熱状態」において，「政治機能を営むための手段としての政治機構や政治権力が，他の非政治的な社会価値の担い手よりも優越するものと考えられる」エートスである限り[23)]，それは明治政府の国権主義とさして異なるものではないからである。

清水の「スペンサーにおける二つの魂」説[24)]に対して批判している高橋徹も，東京大学の「講壇社会学」が「民権論の教科書としてのスペンサー」に対立する「国権論」[25)]の担い手と考える点では，清水とほぼ同じ見解を採っている[26)]。しかしスペンサーの社会有機体説を祖述した講座担当教授の外山にしても，政府と民権論者のどちらにも偏らない第三者的立場を取っていた。また清水や高橋が「国権論」の担い手として強調する加藤や有賀にしても，社会学を教壇で講じたわけではないし，その著作も社会学の著作というよりは「国権論」的である。建部が社会学講座を担当する20世紀初頭には，すでに自由民権運動は事実上壊滅していた。こうした事実からみても，清水や高橋の示したスペンサーの「魂」説は余りにも図式的だといえよう。これに関連してスペンサーの「軍事型社会から産業型社会へ」という社会進化論に関しては，清水は同時代のジェイ・ラムネー（Jay Ramnay）と同様に，軍事型社会は産業型社会よりも有機体に似ているという主旨の指摘を行っている[27)]。しかし清水にあっても，スペンサーの二つの型＝理念型が関係概念であること，また軍事型社会だけが同時に社会を個人の上位に位置づける実体概念でもあり，将来の理想社会として，分業が「自発的協働となっていく」[28)]産業型社会は関係概念に過ぎないというスペンサーの理念型構成の非整合性が，明確に指摘されているわけではない。この点でも清水の「二つの魂」説は余りにも図式的である。スペンサーの社会有機体説を受容する場合，彼の「自然権」に対する信仰に基づいた関係概念としての「産業型社会」の概念を理解し得た人は，日本では馬場など少数の者に限られていたことに清水が思い到れば，多くの民権論者と有賀との共通性にも目を向けることができたかもしれない。しかし，これは清水だけの限界ではなかっ

た。清水や早瀬の「社会学批判」を批判した新明にしても，日本社会学成立史を問い直すという清水と共通の土俵の上で，事実をもって反証するという作業はまったく行わなかったからである。その限りにおいて，清水の動機が何であれ，清水の戦前における作業は日本社会学史上見逃せない意義があると評価できよう。

スペンサー流の自由主義者であった外山正一は，文部大臣としての激務の後，世紀の変わり目に死去したが，その頃にはすでにスペンサーの流行は日本では色褪せていた。しかし分化と複雑さの増大というスペンサーの理論に基づく進化主義と社会有機体説は，その後の世代の日本の学者の理論的志向に影響を及ぼし続けたのである。ほぼ加藤の死去した（1916年）頃までに生まれた明治世代は，1965年においてさえ（社会有機体説の代表者である）デュルケームとパーソンズに（社会学の研究上）相当な注目を払っている（章末の表3－1を参照。Mは明治世代を示す）。デュルケームとパーソンズへの注目は年代と共に低下するが，あわせて30パーセントを大きく割り込むことはどの世代でも決してなかったのである。1960年代末の大学紛争の勃発後は，パーソンズ流の社会学は若い世代の学者に人気を失うが，デュルケームに対する関心の復活によりその損失を補った観がある。加藤弘之の学者としての開かれた精神は日本の社会学者にほとんど忘れられてしまったが，彼が研究の「能率」のために，ヨーロッパのギルド制度にならって東京大学に導入した講座制は，日本の最も権威ある大学での学生の学問的訓練のシステムを支配してきたのである。

注
1）日本人の人名は，原文でも姓を最初に記してある．
2）明六社は，いわゆる『明六雑誌』（明六社雑誌）を，最初に月2回，次に月3回，計43号発行し，公衆に相当の影響を与えた．1875年3月から11月までの販売数は1号当り約3,200部という．同誌は明六社の一種のニュースレターであり，森有礼が編集に当った．
　　　ワシントンから日本への帰途，森はスペンサーをロンドンに訪ねた．（スペンサーに日記によれば）「彼は私を訪ねてきて，日本の諸制度の再編成について私

の意見を求めた．私は彼に保守的な忠告を与え，日本人は最後には彼等の進歩から余り先行しない形態に立ちもどるであろうから，それからは大幅に逸れるべきではないと主張した」(Duncan, 1908, p. 161).

3）清水幾太郎 (1936, p. 92, pp. 96-7) は「スペンサーにおける二つの魂」を指摘した．一つは19世紀の日本の民権論者が追随した自然法の思想であり，今一つは国家有機体説と両立した社会有機体説である．他の文献としては，河村 (1973, pp. 107-8).

（追記）加藤の『人権新説』に関する学問的批判は，外山正一「人権新説の著者に質し併せて新聞記者の無學を賀す」『東洋學藝雜誌』第16號，1883年1月，および「負惜の強き人権新説著者に質し併せてスペンセル氏の為に冤を解く」『東洋學藝雜誌』第18號，1883年3月，共に外山正一『ゝ山存稿』上巻に複刻．

4）1909年でさえ，地主（5ヘクタール以上）と「資本家」（5人以上の従業員）の両者で，日本の全世帯の2パーセントを占めるに過ぎなかった．加藤のいう「上等平民」は，西ヨーロッパの中産階級および下層中産階級に当るといえよう（大橋隆憲『日本の階級構成』岩波新書，1971, pp. 107-8).

5）加藤を批判した民権論者の主な者は，矢野文雄（龍渓），馬場辰猪および植木枝盛であった．矢野文雄「人権新説駁論」1882年12月，馬場辰猪「天賦人權論」1883年1月，矢野文雄「天賦人權辨」1883年1月．

6）1880年代中葉までに邦訳されたスペンサーの著作は，次のとおりである．
Social Statics, 1851 (a partial translation titled as *Kenri Teikou* by Ozaki Yukio in 1877; full translation by Matsushima Takashi as *Shakai Heikenron*, in 1881-1883 in six volumes, one volume edition 1884; Chapter 16 (The Rights of Women), as *Joken Shinron*, 1881); *Representative Government*, 1857, as *Daigi Seitairon*, 1878; *Education*, 1875, as *Su (pensah) shi Kyouikuron*, 1880, and *Supensahshi Kyouiku Rongi* I, 1885; *Over Legislation*, 1853, as *Kanshouron*, 1880; *The Social Organism*, as *Shakai Soshikiron*, 1882; *Prison Ethics* 1860, as *Keihou Genri Gokusoku Ronkou*, 1882; *The Moral Ethics of Trade*, 1859, as *Shohgyo Rigairon*, 1882; *Principles of Sociology*, vol. 1, 1876, as *Shakaigakuno Genri*, 1882; vol. 2, pt. V (Political Institutions), as *Seitai Genron*, 1883, as *Seihou Tetsugaku*, 1884-5, by different translators; *Principles of Ethics*, vol. 1, pt. 1 (Data of Ethics), 1879, as *Doutoku no Genri*, 1883; *The Study of Sociology*, 1873, chpts. 1-10, as *Shakaigaku*, 1883; *First Principles*, 1862, pt. 1 (Unknowable) as *Tetsugaku Genri* I, 1884, pt II, chpts. 7-12 as *Banbutsu Shinka Youron*, 1884. (訳書名はローマ字で表記した).

7) 彼がドイツ語の文献に依存していたために，ベンサムやスペンサーなどの英国の思想家たちの理論に関する重大な誤解に陥ることになり，それは東京大学の哲学／歴史学担当の外山正一教授の論文で，東大の教官と卒業生による『東洋學藝雑誌』誌上で手厳しく批判された．外山は維新前には幕府の留学生の一員としてイギリスに学び，維新後の1872年から1877年までアメリカにも留学，ミシガン大学で哲学と科学を学んだ．外山はベンサム，ミルやスペンサーなどのイギリス功利主義者たちの思想に通じており，加藤の誤解に関する彼の批判は，最も論理的で説得力があった．

8)「元大学教授フェネロサ氏逝く」『哲学雑誌』260号，1908年12月，p. 1119．彼は1870年から1874年までハーバード大学に学んだが，その時スペンサーとヘーゲルの著作が彼の精神に強い影響を及ぼし始めていた．当時ハーバードはアメリカにおけるスペンサー主義者のセンターで，スペンサーの熱烈な崇拝者だったジョン・フィスク（1842-1901年）も専任教員であったフェノロサの卒業した年，フィスクの『宇宙哲学綱要』2巻が出版されている．

9) 彼の宗教の進化に関する連続講義は，週刊『藝術雑誌』26号から40号．1879に連載された栗原，1968，p. 51以降．

　　社会進化に関する連続講義は，学生たちの手で「世態開進論」として翻訳され，『學藝雑誌』（文学部機関誌）1880年の36-8号に連載された．1882年度にフェノロサが行った25回の講義の唯一参照可能な英文ノートは，イェール大学図書館にマイクロフィルムで保存されており，神戸女学院から『フェノロサの社会学講義』と題して復刻されている．

10) 清水，前掲書，pp. 63-5．

11) 高橋徹「日本における社会心理学の形成」『今日の社会心理学』Ⅰ（社会心理学の形成，培風館，1965，p. 417）．高橋論文の出現以後も，清水の「二つの魂」説を踏襲する論文や著作が続いた．

　　論文では，川瀬八洲夫「H. スペンサーの教育思想—我が国における受容の諸問題を中心として—」『東京家政大学研究紀要』8号，1968，p. 150．

　　著書では，永井道雄が『近代化と教育』（東京大学出版会 UP 選書，1969）の中で「スペンサーの思想には，個人主義の論理と社会有機体説が混在し，初期の著作では前者の，後期のそれでは後者の色が濃厚である．（中略）日本の場合には，スペンサーの二つの面が切り離され，それぞれの面を異なった集団がになった．自由民権運動の知識人は個人的自由を，保守的アカデミー学者は有機体を，自分たちのスペンサーとして学んだのである」（同書，p. 163）と述べ，ほぼ清水の説を踏襲している．

12) Herbert Spencer, *Social Statics*, 1851, p. 14.（松島剛訳『社會平權論』巻一，

報告社，初版1881，p. 25. 1884年の合冊版も同じ）
　「道義威情」は Ibid., p. 20,（松島訳，p. 34).
　もちろんスペンサーの「道義感情」が支配するのは，当時の現実の社会ではなく，進化の極致としての理想的社会を前提にしているが，松島の訳文は，この点についても「凡ソ道義法（moral code）ナル者ハ，最上完具ノ人類ヲ嚮尊スルニ適スル法則（a code of rules proper for the guidance of humanity in its highest conceivable perfection）ナルガ故ニ，天下ノ人類カ普ネク此ノ法則ニ服従シテ，悖ラサルノ時ハ，則チ最上ノ社會（an ideal society）ニ達シタルノ時ナリ」と，著者の意図を適確に伝えている（Idid. pp. 37-8, 訳書 p. 66)．この思想こそ，スペンサーに終生一貫して流れていた思想であり，素朴な進化論と自然権の思想がここで結びついている．
　長文の引用は Ibid., pp. 76-7（松島訳, pp. 129-131)．この「萬人，等シク之ヲ作用スル」自由の理論は，『社會平權論』の読者に最も強烈にアッピールした箇所の一つであろう．

13) 竹越與三郎『新日本史』中巻，1883年（『明治文化全集』77，筑摩書房　所収，pp. 162-3).
14) 鈴木安蔵編『自由民権運動史』光文社，1946，pp. 81-2 所収．
15) 有賀長雄『社會學巻一・社會進化論』東洋館，1883, pp. 455-6.
　有賀はスペンサーと同様に，一種の理想社会としての「道理一統の世」を想定してはいるが，スペンサーがあくまで理想「社会」を想定しているのに対し，有賀は「国家」とすり替えてしまっていることに関していえば，清水が有賀の国家盛衰論について「理想的社會たる『道理一統の世』に到ってスペンサーに依って設けられた軌道の外に出てしまった」（前掲書，p. 78）と指摘していることに注目したい．
　ここで清水が言及しているのは，有賀の『社會學・巻之一・社會進化論』(1883) の第三部・國家盛衰論の末尾についてである．周知の通り，第一部の社会発生論と，第二部の社会発達論，及び巻之二『宗教進化論』(1883)，さらに巻之三『族制進化論』(1884) は，スペンサーの『社会学原理』の忠実な祖述であるが，同書第二巻第五部の政治制度論（Political Institutions）がイギリスで発刊されたのは1882年であり，有賀は巻之一・第三部の執筆に当って，その全貌を知る余裕はなかったものと思われる．もちろんスペンサーの著書の翻訳は，部分的にドイツの進化論に関する雑誌 Kosmos などに掲載されていた．同誌を講読してスペンサーの進化論に接したのは加藤弘之である．（拙稿「加藤弘之の『人権新説』と進化論の受容」『社会学史研究』第11号，1989, いなほ書房，pp. 71-84参照).
　清水の評するように「『道理一統の世』に到って」「軌道の外に出てしまった」の

ではなく，第三部の最初から別の軌道を走っていたと評する方が正当であろう．
　　なお，有賀の提示した国家盛衰の七段階説とは，(1)君主一統の世，(2)戦国擾の世，(3)教権一統の世，(4)革命争乱の世，(5)法律一統の世，(6)議論擾乱の世，(7)道理一統の世，といった，一種の進化論的周流理論であった．最後の「道理一統の世」に到って，国家の権利と個人の権利は完全に調和するとされる．これが民権論者と共通する点については，丸山真男『日本の思想』(岩波新書)，特にp. 42を参照．

16) 丸山真男『日本の思想』岩波新書，p. 42.
17) 外山正一の『民權辨惑』(1880年刊，『明治文化全集』第2巻・政治篇，日本評論社，1927年に再録）の「緒言」の冒頭でも，「近頃世間ニ頻ニ民權ヲ主張スルノ論者アリ．又政府ニハ民選議院尚ホ早シトスルノ官吏アリト雖モ，唯其レ両者共ニ謳米諸國ニ於テ民權ノ伸暢シ自由精神ノ發起セル所以テ知ラズ，……両者ノ迂潤共ニ憫マズバアルベカラザルナリ．是レ即チ余ガ本論ヲ著スノ主旨ナリ」として「官民ノ迷夢ヲ覚サン」としている（『明治文化全集』p. 215)．これは加藤弘之の『人權新説』を論評した際のタイトルが「人權新説の著者に質し併せて新聞記者の無學を賀す」（『東洋學藝雑誌』第16號，1883年1月）となっているのも同様で，第三者的な学者の立場から「官民ノ迷夢ヲ覚サン」とする意図が反映しているといえよう．
18)『民權辨惑』にあっては，当時官民の争点であった「政府が強迫火災保険ノ商業ヲ営マントスル」ことの可否は政府と民間との間に職業の区別があるか否かであると論ずる箇所で，「有名ナル英國ノ學士ヘルバート・スペンサーノ如キハ絶エテ是ノ如キ區別アル﹁ヲ知ラズ，皆一様ニ政府ノ任外ニアルモノト見做スガ如シ．……彼ノ著名なる自由論者ジョン・ミルノ如キハ政府ガ人民ノ教育ニ干渉スルハ適當ノ﹁ナリトスレドモ，スペンサーハ断言シテ教育ハ政府ノ任ニアラズトナセリ．論者ハ何方ヘ軍configヲ揚ゲントスルヤ．嘻其是ノ如キ﹁ニ天然ノ定規アルガ如キ思ヲ為スハ迷ヘルモ亦甚ダシト謂フベシ」（『明治文化全集』p. 218）という条に，スペンサーへの言及がみられるだけである．外山の『ゝ山存稿』上・下巻を見ても，スペンサーに言及している箇所は僅かしかなく，その大部分は外山がスペンサーに関する新聞記者や加藤弘之の誤解を説くために言及しているにすぎない．しかもこの条を読めば，外山がスペンサーの全面的な信奉者であったと断言することは甚だ危険である．スペンサーの多くの著書を教科書に使用したとはいっても，彼がスペンサーを全面的に正しいと信じて使用したとは断言できない．外山はミルやベンサムにも通じており，スペンサーの祖述でその著『社會學』を公にした有賀長雄とは違っていたと思われる．外山の英国思想に関する学識と，加藤弘之の無知に対する批判については，前掲拙稿を参照されたい．

19) 三上参次「外山正一先生小傳」『ゝ山存稿』上巻, pp. 29-33. 講座制が確立する以前は, 外山は「文學部なる哲學科, 及び理學部の二年生にも, 毎週三時間英語を授けられて居るが,（中略）また三學部の第一年生には論理學, 心理學, 第二年生には心理學, 哲學科の第四年生には高等心理學, また文學部の第二年生には, 西洋歴史をも講授せられて居る」(同書 p. 28).

　文学部長の職にありながら, これだけの科目を担当しなければならない立場では, スペンサーの理論が最善とは考えなくても, その祖述や要約に徹した教授法を採る他はないであろう.

20) 萩原延寿『馬場辰猪』中央公論社, 1967, 西田長寿「馬場辰猪」『明治史研究叢書・第四集』御茶の水書房, 1967.

21) 馬場辰猪「本論」,『明治文学全集』12,（大井憲太郎・植木枝盛・馬場辰猪・小野梓集), p. 201, pp. 207-9.

22) 馬場は「一身ノ思想感覺ハ唯身體中ノ一局部タル脳髄ニノミアリト雖モ社會ニ於テハソノ思想感覺全ク社會ノ間ニ分布ス……元来吾人ガ此社會ヲ組織セルモノハ社會ノ為ニ人類アルニ非ズバ畢竟人類ガ其ノ天稟ノ自由ヲ享ケント欲シテ始メテ社會ヲ組織スレバナリ」(前掲書 p.206) と, 自発的協働の思想を正確に受容している.「本論」は「他人ハ即チ敵ハ即チ他人ト思考シ全ク交際ノ道ヲ知ラザル」状態が, 社会の進歩を著しく阻害していることを強調した所で (p. 218) 中断されている.

23) 松本三之介『明治精神の構造』(新 NHK 市民大学叢書 8) 1961, pp. 66-7.

24) 清水, 前掲書, p. 92.

25) 山下重一『スペンサーと日本近代』御茶の水書房, 1983, p. 128. 同書の誤りは, 前掲拙稿『社会学史研究』第11号, 特に pp. 75-82参照. 加藤の場合「一部世評の如き単なる曲学阿世の俗儒として終りしものではない」(田畑忍『加藤弘之』吉川弘文館, 1955, pp. 68-71).

26) 高橋徹, 前掲論文, 前掲書, p. 433. なお清水は, 東京大学で最初にスペンサーの社会学を講じたフェノロサについては言及していないが,「日本のスペンサー社會學が如何に國權主義的なる明治政府の友として, 自由民権運動又はこれに利用されてゐる限りのスペンサー新説に対立してをったか」の実例として, 有賀長雄と加藤弘之について詳述している. 前掲書, pp. 82-93, pp. 103-32参照.

27)「もしわれわれがスペンサー自身の基準を使うならば, 中央集権化された統制, 統一された行動, 軍事型社会は, 産業型社会よりもさらに有機体に似ているのではないか」(J. Ramnay, *Herbert Spencer's Sociology*, 1937, p. 53, 山田隆夫訳『スペンサーの社会学』風媒社, 1970, p. 56）

　清水も, 戦前の『日本文化形態論』(pp. 63-5) の他, 戦後の『世界の名著36

コント・スペンサー』(中央公論社)の解説(p.42)でも同様の評価を下している.

28) Spencer, *Principles of Sociology*, 1876, vol. I , §570.

(付記)紙数の関係で明治政府の要人に対する影響はこれを割愛した.ただスペンサーが森有礼や金子堅太郎に再三送った手紙の趣旨は,森の "On a Representative System for Japan"(『森有礼文集』第3巻所収)の構想と酷似していることは確かである.

参考文献

Duncan, D., *The Life and Letters of Herbert Spencer*, London, 1908.
Hall, I. P., *Mori Arinori*, Cambridge, Massachussets, 1973.
Kajitani, M.,「加藤弘之の『人権新説』と進化論の受容」, (A New Treatise of Human Rights and the Acceptance of Evolutionism by Hiroyuki Kato),『社会学史研究』*Studies on the History of Sociology,* no. 11. 1989.
Kawamura, N.,『日本社会学史研究』(A Study of the History of Sociology in Japan), vol. 1, Tokyo, 1973.
Schäffle, A., *Bau und Leben des sozialen Körpers*, vol. 2, Vienna, 1881.
Shimizu, I.,『日本文化形態論』(Considerations about the Forms of Japanese Culture), Tokyo, 1936.
Small, A. and G. Vincent, *An Introduction to the Study of Society*, Chicago, 1894.
Stein, L. von, *Handbuch der Verwaltungslehre*, Stuttgart, 1870.

3章 スペンサーと日本社会学の形成　79

　社会学研究における実証技術の精密化および研究主題の多様化には，いずれもアメリカ社会学の導入によって大きく増幅されたという側面があるが，1960年代の中葉には，欧米のいかなる社会学者が特に日本の社会学者によって「注目」されていたであろうか．表3－1はある程度までそれを示している．
　これによると上位14名の外国学者の構成は，
1）アメリカ9名（マートン，リプセットのみ現存者）
2）ヨーロッパ5名（ダーレンドルフのみ現存者）

表3－1　社会学研究上，注目している外国学者名（3票以上をえた人名のみ）（％）

	M	T	TS	S1	S2	計	(N)
「とくになし」と答えた者の％	40.00	40.00	21.74	14.29	30.77	28.75	(23)
パーソンズをあげた者の％	20.00	20.00	21.74	28.57	30.77	23.75	(19)
マートン　　〃	6.67	13.33	30.43	7.14	30.77	18.75	(15)
ウェーバー　〃	20.00	26.67	－	7.14	7.69	11.25	(9)
ミルズ　　　〃	13.33	－	13.04	28.57	－	11.25	(9)
デュルケーム〃	20.00	13.33	8.70	7.14	－	10.00	(8)
ホーマンズ　〃	－	13.33	4.35	7.14	7.69	6.25	(5)
ダーレンドルフ〃	－	－	4.35	7.14	15.38	5.00	(4)
マルクス　　〃	－	6.67	－	14.57	－	3.75	(3)
ソローキン　〃	13.33	－	4.35	－	－	3.75	(3)
ワース　　　〃	6.67	13.33	－	－	－	3.75	(3)
マッキーヴァー〃	－	6.67	4.35	7.14	－	3.75	(3)
サルトル　　〃	－	－	4.35	14.57	－	3.75	(3)
フロム　　　〃	－	6.67	－	7.14	7.69	3.75	(3)
リプセット　〃	－	－	－	14.57	7.69	3.75	(3)

注）M（明治生れ）：旧中間層（父の職業）出身．
　　T（大正10年まで）：旧中間層とホワイトカラー上層
　　TS（昭和5年まで）：旧中間層と下級官吏への拡大
　　S1（昭和9年まで）：中部以西，都市の新・旧中間層
　　S2（昭和10年まで）：中部以東，各種の都市的職業
　　※以上には労働者階級出身者は全くみられない．

出所）鈴木広「日本の社会学の思想的動向」新明正道編『社会学思想』学文社，1973.

　　（現存者の記載は，2000年現在）

4章　戦前の日本社会学とシカゴ学派

1　ドイツ社会学と日本

　社会学の制度化と，学問的専門領域としての性格規定は，私立大学だけが名門大学とされてきた英米についてはともかく，ヨーロッパ大陸でも日本でも，その賛成者であれ反対者であれ，しばしば政治的解釈に従属させられてきた。フランスでドレフェス派の反伝統主義の言論と社会学とが同一視されたのは，ソルボンヌで社会学が専門科目として導入されようとする時期であった。[1]
　ドイツでは，古くは歴史学者のトライチケ（Heinrich von Treitsccheke）が教授資格論文で，社会科学や社会学を社会秩序を保証する制度としての国家にとって危険と見なした政治的解釈から，[2] その四半世紀後，1883年のディルタイ（Wilhelm Dilthey）の，社会学を社会法則の全体的理解を目指すという高邁な要請を掲げる，イギリスとフランスで創立された科学とみるものの，整備された方法論のない歴史哲学と社会学は現実科学とは見なされないとする見解にいたって，[3] 初めてドイツ社会学を英仏の社会学的伝統から切り離し，科学的認知を得ようとするドイツ社会学のモチーフが現れるのである（後述）。

　日本社会学の戦前期を，仮に第一次世界大戦［欧州大戦］から第二次世界大戦までの四半世紀とするなら，第一次世界大戦期には吉野作造や米田庄太郎にみられる大正デモクラシーの潮流と，建部遯吾などの社会有機体説＝国体社会学との対立があり，さらに形式社会学の導入と前後して，コントやスペンサーの社会有機体説を否定する高田保馬の影響が若い学者に拡大する。高田自身の日本社会学の発達の史的区分によれば，第二期は「明治20年代から40年代頃までに及ぶ」社会有機体的社会学の時代とされる。これは20世紀初頭の明治34年に建部遯吾が東京帝国大学の社会学講座で，外山正一の後継者となった時期で

ある。高田の説による第三期は「明治40年より欧州戦争の終末期，即ち大正10年頃までに及ぶ」時期であり，米田庄太郎を媒介にしたタルド（G. Tarde）やギディングス（F. Giddings）の影響が強く，米田によって「日本の社会学の水準が世界の社会学の水準に近いところまで高められた時期」[4]であったが，第三期においても建部の影響は依然として根強かった。大戦のさなか建部の主宰する日本社会学院に調査部が設立され，第一回の調査項目に「帝国教育の根本方針」を採択する。建部自身の提言によれば，

　　帝国教育の根本方針は実現上の問題なり，坐して言ふべく起ちて行ふべき方策に非ざれば以て其解決と為す可からず。誰か之を言ふ，社會渾一体可なり，個人亦可なり。誰か之を行ふ，個人の之を行ふにあらず実に社會渾一体の之を行ふなり。帝国教育の根本方針は必ず帝国自体が之を実現するを能くする所の方策ならざるべからず[5]

建部はこのように，米田とはイデオロギー的立場をまったく異にしていたが，晩年にも「米田庄太郎博士は，其博覧強記，殊に周密な検討と倦むことなく厭くなき勤勉とは真に学徒の模範として何人の比肩をも許さぬ所」と賛辞を惜しまなかったのである。[6]

なお高田に対する批判は，戦後の研究ではとかくマルクス主義者の側からのものか，新明正道による批判だけが取り上げられる傾向にあるが，社会有機体説の側からの批判についても言及しておく必要があろう。その一例として，二子石武喜の「高田保馬の二大近著を評して二，三の純正社會學問題の論及す―『社會學原理』及『社會學的研究』―」を挙げることができよう。彼は高田の学説が「米田の心理中心利益説とL.ウォードの感情中心利益結合説に類似した有情者結合若くは感情結合説」であるとみて，これを彼自身の「社會先天説」に立脚して批判を加えている。即ち「只国家は人間欲望の一方面にして職工組

合は此と対等関係に立ち彼此互に其権力関係を侵犯せられることなしとの最も危険なる而かも學説上許すべからざる謬説を露國人ならざる学士をして言はしむるに至れるなり――憲法學上君主機関説が我國の歴史を顧みざる蕃来説なるの点よりすれば學上の此訳説は所謂共 elder brother にして我國の社會主義労働者運動若くは民主主義の大仕掛の propaganda は即ち學士の社會學原理と断言して憚らざるなり」[7]。

　形式社会学を克服する試みとして，マルクス主義のイデオロギー論や知識社会学に関心をもった社会学研究会が生まれ，この潮流に対抗した文化社会学的傾向が力を得ていく中で，社会学の諸学派をマルクス主義をもって止揚することを目標とする清水幾太郎などがあらわれたのである。この清水によって，日本における社会学の導入期＝明治前半期におけるスペンサーの受容に関する，最初の明快な考察が第二次大戦前に現れたことは注目に値する。彼は1933年にあらわした「日本社會學の成立」(『思想』11月・12月号)において，文化の文化としての自覚を有機体説的と称し，文化の文明としての自覚を自然法的と呼ぶ近代化史観に立ち，後者をより普遍的と評価することでスペンサー（H. Spencer）にも一定の評価を与えていたといえよう[8]。しかし社会学の成立を有機体説に求め，その反動的イデオロギー性を暴露するために日本社会学の成立に関心を示す清水にあっては，同時代の早瀬利雄とは違って，社会学理論の学説批判や，学説史的系譜にはさしたる関心は示されない。1934年3月号の『中央公論』に寄せた論文「社會學の悲劇」で，清水は次のように社会学と市民社会の歴史的被制約性を示そうとする。「社會學にとっては市民的社会が社会の一切である。その限りに於て社会と個人との関係は常に矛盾であることを免れ得ない。又その限りに於て両者の闘争はつひに解決し得ざるものである」[9]。

　こうして清水の社会学成立史研究は対象を日本に求めていったが，早瀬の場合はアメリカ社会学における自然法思想（社会学前史）と有機体説（社会学の成立）との史的関連を考察する（『現代社会学批判』1934）。こうしたマルクス

主義の側からの社会学批判に対し「機内自然法における社會學」(1936) において，自然法に社会学の起源を求めた新明正道は，両者を名指しで批判はしていないが，個人主義と普遍主義は自然法の本質的要素ではないと指摘し，自然法の社会学［の理論的構成］に対する関係を否定する限り，清水や早瀬の「企図が失敗に帰することは明らか」と批判した。このように新明と清水らの社会学成立史を分析する立場は，後者が社会学のイデオロギー性を社会学批判の基準とした点からみてもまったく異なるものであったが，両者が社会学史を単なる学説史にとどまらず，社会学の本質＝性格規定に係わるものとして把握した点に意義があるといえよう。

戦前の日本の社会学者たちに，コントやスペンサーの総合社会学を罵倒する理論的根拠とされたドイツ社会学の動向とは，実は初期のドイツの社会学者たちが，アカデミズムの内部で尊敬されるべき地位を占めるための戦略的理論の動向に他ならなかった。1970年代の国際社会学会の報告から私が編集した論文集に一文を寄せたケースラー（Dirk Käsler）の説明によれば，

　こうしたアカデミズム内部に向けられた戦略は，さらに，結果として社会学と「社会政策」とを，理論的にも実践的にも，区別させることになった。つまり，経済学と平和な関係を保とうという戦略から社会学の「脱経済化」が行われ，歴史家に対してはその「脱歴史化」でもって応え，さらには社会学の「科学性」を立証するためには「システム」概念を発展させるといったことが行われたのである。こうした一連の戦略と，1919年以後には政界からの支持で力を得たことで，ドイツ社会学の師父たちは，次第に「精神科学」および「文化科学」の内部に存在していた「専門家のカースト」からの，社会学に向けられた強固な反撃に打ち勝つことに成功したのである。

ケースラーは，初期のドイツ社会学を支配していたテーマとして，ゲマイン

シャフト対ゲゼルシャフト，国家対ゲゼルシャフト，エリート対大衆，文化対文明などを列挙し，「これらのテーマこそ，否むしろそれらに対してとられたさまざまの対応こそが，同時代のフランスの実証主義や英米の経験主義との―概して全ての「腐敗した」西欧思想との―対決に向けられていた，ドイツ社会学の一種の独自の発展を支えていた」と結論する。

なお1919年といえば，プロシアの教育文化大臣となったベッカー（Karl H. Becker）が，プロシアの全大学に社会学の講座を設けるよう指示した年である。ベッカーがそう指示した理由の一つは，ドイツにおける社会学の後進性であった。しかもその理由は，社会学の総合的なアプローチの方法が，ドイツ的思考様式に合致していないということであった。つまりドイツの社会学が，それ自体イギリスやフランスより後進的だというよりは，むしろドイツのほかの学問に比べて後進的，つまり非ドイツ的だということであった。ここに「ドイツ的―非ドイツ的」という二元論が，ワイマール時代に始まる戦前の論争に影響を与え続けることとなった。スペンサーの社会学も「腐敗した」西欧思想の一つとみなされるか，「現実科学」にあらずとして切り捨てられがちであった。

日本の場合，社会学を英米とフランスの社会思想の伝統から切り離そうとする試みが，ドイツのように自覚的に行われたわけではなく，むしろ結果的に，東京大学で国家＝社会有機体説による政治的解釈が支配的になったことへの反動と，ドイツ学の浸透によって，戦前期のマルクス主義を含めたドイツ社会学の動向＝その理論的動向のみを，その生じた背景を無視したままで輸入し，理論的武器としたことでもたらされたといえよう。

清水の後年の回想でも，彼の学生時代の日本社会学界は「ドイツ社会学の出店のようなもので，総合的歴史哲学的社会学という古い形態への非難や軽蔑は，ドイツ本国よりも誇張された姿で，日本の社会学研究者の常識になっていた」。

当時の学生だけがこのように感じていたわけではない。教壇にあった岩崎卯一は，1928年の「講壇社会学の悩み」というエッセイで，ドイツ流の「新型社会学」が，コントやスペンサーなどの総合的社会学を極力罵倒し，心的相互作

用とか，相互関係とか，結合とか，模倣とかいうような一小部分だけを対象とすることで「社會學の生存権が偏狭な學界に認容された」として，「その生活環境に順応すべき必要上，かかる新型社會學を講ずる」悩みを語っている。岩崎はいう。[15]

　あるひは恐れる，わたくしの講義に耳を傾ける学生たちが，その所論の余りに形式的且つ抽象的なことに一度は魅惑されるかもしれないが，やがて実社會の解釈に余り役立たぬことを発見して嗟嘆せられるのではあるまいかと。[16]

清水が『日本文化形態論』で，文化の文化としての自覚を有機体説的と称し，文化の文明としての自覚を自然法的と呼ぶ近代化史観を示し，後者をより普遍的と評価した上でスペンサー社会学の需要とその影響を，日本の社会学の成立史のなかに探ろうとした作業にも，こうした当惑を断ち切ろうとする個人的動機が働いていたことは想像するに難くない[17]（それが明快な図式であればあるほど，清水の当惑を断ち切り，気持ちを整理するには結果的に役立つということになろう）。清水の作業を戦前の日本における一つの政治的解釈として片付ければそれまでであるが，戦後の社会学も政治的解釈から解放されたかといえば，決してそうではなかった。つまり戦前のブルジョア社会学対マルクス社会主義という対立の構図は，戦後もアメリカ社会学＝機能主義対マルクス社会学という形で持ち越されたことを忘れてはならない。

2　シカゴ学派と戦前の社会学

(1)　社会学と社会改良

　社会学の本は，ほとんど活字で満たされている。ところが世界で最初の社会学部が設立された（1892年）シカゴ大学を拠点として発行された『アメリカン・ジャーナル・オブ・ソシオロジー』（AJS）の初期のナンバーを見ると，社会学者や「社会派」写真家の撮った多くの写真が掲載されているのである。19世

紀末のシカゴは，新しいアメリカの交易と産業の中心地として，都市問題，人種問題などが一挙に表面化してきた。そこでシカゴの社会学は，学部の名門大学の思弁的な社会学とは違って，強い実践的性格を帯びることになる。AJS誌上でも，シカゴの住宅事情に関する写真を掲載したシリーズなどは，1910年代前半におけるシカゴの住宅問題を論じた一連の論文の説得力を高めたであろうことは疑いないと思われる。

しかしこの「アマチュアリズム」も，1910年代中葉にアルビオン・スモールが，同誌の編集に当るようになると影が薄くなる。彼は社会学を，生物学や物理学なみの「科学」に高めようと考え，「アマチュア的」社会学は「制度化された」社会学にはほとんど意味がないとして，それまでのアメリカにおける社会学的研究の成果を抹殺してしまったのである。その結果，その後の「社会派」の写真家，たとえばルイス・ハイン（Lewis Hine）などの仕事は（彼がシカゴ大学で社会学を修めたにもかかわらず），近年まで無視されてきたわけである。

こうした状況からみても，1894年にスモールがジョージ・ヴィンセントと共著の，アメリカの最初の社会学の教科書の中で，「社会学は，社会を改良しようとする近代の熱意から生まれた」と述べたのは当然であろう（Small and Vincent, 1894）。スモールの社会学は，H.E. バーンズも評したとおり「初期の総合社会学と，次の専門化された社会学の世代の中間にあった」が（Barns, 1926）彼が理論と実践の結合を強く意識していたことは，1912年の論文「一般社会学」の中で，「あらかじめ仮定された一般社会学に基づいて進められ，なかんずく目的の達成に向けて進歩を確実しようとする社会的協同のための――目的を前提とする"特殊社会学"」の提唱にも示されている（Small, 1921）。

スモールは，現実の社会問題，ひいてはシカゴの都市問題の解決に役立つ理論を，彼の社会学体系に組み込もうとしていたわけであるが，こうした彼の姿勢は，彼の同僚として社会学科の両論となったチャールズ・R. ヘンダーソンの，社会事業に対処する実践的なプログラムとの協調を容易にしたといえよう。スモールと同様，牧師としての教育を受けたヘンダーソンは，晩年の論文「応

用社会学：又は社会技術」で，「実践社会学は，人間生活の一般に認められた目標を最も良く実現する諸条件の複合体を，知的体系に包摂しようとするものである」と述べている (Henderson, 1912)。スモールが「合衆国における社会学の五十年」で回想したように，「ヘンダーソンの関心の中心は社会改良にあり，私の関心は社会を考察する方法論にあったが，我々自身の仕事の配分や相互関係，又学生に対する関係については，終始いささかの意見に相違もなかった」ほどの協力関係を築いていった。またスモールの理論家としての指導性とシカゴの主導権は，1895年発刊の『アメリカ社会学雑誌』によって確立されていったが，同誌の発刊に当って「編集者たちには，第一号を埋めるだけの原稿の見込みさえ立っていなかった──L.F. ウォードの即座の，しかも暖かい協力と，それに続くロス教授の協力がなかったなら，この事業は初年度さえもちこたえることはできなかったであろう」と，スモールは回想している (Small, 1916)。

日本の社会主義のパイオニアとなった片山潜はアメリカで，リチャード・イーリーの『キリスト教の社会的側面』(1889) に接し，社会学への関心を抱いたのであるが，彼の学んだアンドゥヴァーでは「神を人間の問題とする」社会学のコースを重視していた。

このことは当時にあってはさして奇異なことではなく，サムナーをはじめ多くの学者は社会学者になる前はプロテスタントの牧師となる教育を受けている。ところが（隅谷三喜男氏の『片山潜』によれば）「当時キリスト教会が次第に中産階級の教会となるとともに教会は個人の魂の救いだけを問題として，社会に対して無関心になっていった反面，十九世紀の後半に入って労資の対立，貧富の懸隔の拡大等を中心として，アメリカにおいても社会問題がようやく深刻になってきた状況」があった。

サムナーやエドワード・ロスのように，ダーウィンやスペンサーの進化論に接してからは，信仰の道を捨て，社会学者の道を歩んだ者はむしろ少数で，「シカゴ学派」の基礎を築き，アメリカ社会学会創設期の指導者となったアル

ビオン・スモールやジョージ・ヴィンセントのように，生涯神への信仰を捨てなかった者の方が多いと思われる。

初期のアメリカ社会学者の信仰に関する統計は特にないが，第一次大戦以前の時期に社会学者になった者はほとんど，キリスト教への信仰を失っていなかったであろうと，私の知人で碩学の誉れ高いルイス・コーザーもいっている (Coser, 1979)。

片山がアメリカから帰国した直後に発表した「米国に於ける社會学の進歩」でも，アメリカの「國政既に弛頽せり。庶民の私利是れ営み，公利を顧りみず，公益を思はざる，固より自然の勢と謂ふべし，而して猶能く革命の沸起せざるは蓋し，其の中流社會に宗教と道徳の良風を存して僅に一線の命脈を繋ぎたるに依る」とみていたのである（『六合雜誌』185号，1896年5月）。

しかし，片山は「一致団結の真の意味を解したる労働者は，遂に進みて社會の権力を獲取し，更に政権を掌握せむとするに至るや必せり。是亦社會学者の講究すべき重要なる問題なり」として，「日本に於ける社會学講究の必要」を説いていく（『國民之友』349号，1897年5月）。

これに対し，同じ社会改良の立場から，スモールとヴィンセントの名著『社会研究入門』(Small and Vincent, 1894) に依拠しながら，社会学における「平等論」と「適者生存」理論との共存を図ろうとしたのが，『社會雜誌』の主筆だった布川孫市である。彼は「社會学的眼孔をもてる経世家たらんには，二者共に必要なるを悟るべし」と説き，貧富の差を「必然の現象」とみて，その差が顕著にならないよう「慈悲心」と「保護」が必要であると述べている（「社會学話」(一)，同誌9号）。片山の「社會学は社會の関係の平等なるを希望す」という立場とは，明らかに，根本において異なっていたのでる。

『社會雜誌』創刊号で示された片山の立場は，当時は「目下の社會問題に対する地位を云へば社會学者は一の判断者（レフリー）にして社會主義者は一の主唱者（アドヴケート）なり」とする，スモール＝ヴィンセントの『入門』からの引き写しの部分だけにみられるのではなく，むしろ片山が独自に主張した

平等論に，彼の後年の足跡を示唆するものがある。

両者共にアメリカの社会学の教科書のスタンダードとなった『入門』(Small and Vincent, 1894) の，特に第4章に依拠しながら，布川は1902年には，スモール＝ヴィンセントの立場より後退し，社会主義に対する社会学の「円満主義」，すなわち「無主義の主義」を主張するに至る（「社会学と円満主義」『社会学雑誌』第4巻第2号）。

こうして，片山は日本の社会学界から去っていき，東京帝国大学の社会学講座は，国粋主義者建部遯吾の指導の下に，弾圧を免れたのである。それと同時に，日本の学者のシカゴ学派への関心も薄れ，アメリカ社会学の本流への正当な注意も払われないままに，戦前の社会学は「ドイツ社会学の出店」になってしまった。

(2) 移民問題と都市社会学

ウィリアム・I. トーマスとフローリアン・ズナニエッキの大著『ヨーロッパとアメリカにおけるポーランド農民』の刊行を可能にしたのは，ハル・ハウスの基金を相続したヘレン・カルバーであった (Smith, 1988)。アーネスト・バージェスが大学院へ進んだのと同じ1908年，彼女はトーマスに移民問題の研究に5万ドルを寄託した。当時アメリカ社会が直面していた急激な産業化と都市化の波の中で，移民問題を始めとする対立と適応の問題に対応を迫られていた。この状況は，南部の片田舎に育ち，次第により大きな都会に移っていったトーマスに，格好の活動の舞台を提供した。彼はジョン・デューイやジョージ・H. ミードなども積極的に関与した，ハル・ハウスを中心とした改革運動に深く関与するようになり，移民の権利の擁護や，黒人に対する教育の普及を求めるキャンペーンを支持していったのである。バージェスは，いわゆる「ビッグ4」の中で，最も継続的な影響力をもっていたのはスモールとトーマスであり，中でもトーマスの存在がより大きかったと後に述べているが (Burgess, 1948)。それはトーマスの社会問題に対する関心が授業にも反映され，学生の関心を最も

強く刺激したためであろう。

　トーマスは，彼自身の生活体験から生じたと思われる問題関心を，ズナニエッキとの共著において，生活史などの個人的資料の収集という斬新な手法で反映させている。また彼らは，主観的に定義された意味を重視すると共に，家族や第一次集団，個々の制度における文化的価値の形象化に注意を払っている。というのは「社会心理学と社会学の根本的な方法の原理」，特に彼らの課題であった社会変動の原因は「別の社会現象あるいは個人現象だけではなく，いつも社会現象と個人現象とのコンビネーションである」からである（Thomas and Znaniecki, 1921, p. 44)。

　『アメリカにおけるポーランド農民』は，現代における都市化と近代化の意味を，生き生きとした具体的実例によって問い直す，アメリカにおける社会学的調査の画期的な業績であった。さらに「彼と同じ精神をパークの中に見いだした」トーマスは，パークをシカゴに招き，バージェスも指摘した通り「トーマスの先駆的に行った帰納的調査のタイプによる研究を，パークが他の方向に発展させていった」大きな遺産を残したのである（Burgess, 1948)。

　かつてラルフ・ターナーが述べたように「恐らくロバート・エズラ・パークほど，アメリカの経験社会学の進路に深い影響を及ぼした人物は他にいないであろう。……彼が自分の労作の中で，将来に残すべき社会学の体系化に多くの注意を払わなかったのは，恐らく彼の学生に対する，情熱的な人格的インパクトのためであったと思われる」(Turner, 1967)。

　パークが残した比較的少数の論文のうち，シカゴ学派の基礎的理論となる人間生態学的概念は，1915年の「都市―都市環境における人間行動の研究のための示唆」の中で，都市を「文明人の自然的居住地」として把握し，都市の物理的組織，都市の職業，都市の文化という三つの視角を提示したことにもみることができる（Park, 1915)。これは「ポーランド農民」に比肩しうる先駆的業績である。パークとバージェスがまとめた入門書（1921）では「ヒューマン・エコロジー」の名称が導入され，人間社会の二つの側面としてのコミュニティ

(共住している諸個人の集合)とソサエティ(社会的遺産)を提示し、それに対応する競争と闘争とを区別し、それぞれ前者が後者の基礎であるという、人間生態の基本路線を確立したのである (Park and Burgess, 1921)。

パークの人種理論ほどドラマティックな影響は生まなかったが、多くの論争を生んだルイス・ワースの「生活様式都市のアーバニズム」は、シカゴの都市社会学の理論的総括であるとしばしば解釈されており(たとえば新都市社会学の旗手マニュエル・カステル)、戦後の「大衆社会論」に刺激を与えたことは事実である (Castelles, 1977)。

しかしワースの都市論が、シカゴの都市社会学を代表するものであるというのは言い過ぎであろう。またパークやバージェスよりも、生態学的「過程」概念の精密化に努力したロデリック・マッケンジーが、1924年の論文「生態学的アプローチ」(Mekenzie, 1924)に続き、パーク、バージェスと共著で出した「都市」も忘れてはならないだろう (Park, Burgess and Mckenzie, 1925)。

シカゴ学派の都市社会学の検討に際しては、その学説の中心的論点をなすものとして都市地域と空間的形式、人口の自然的淘汰と集団、社会的移動性に特に注目した奥井復太郎は、昭和15 (1940) 年に『現代大都市論』を著している。中でもシカゴを事例としてバージェスが論じたいわゆる同心円図型(奥井はそれを「都市膨張」の図表的解剖と呼ぶ)に言及した。奥井は細かな点においては、バージェスのこうした見方はどのような都市にもあてはまるといった類のものではない、と評している。しかしバージェスのこの同心円図型は『現代大都市論』の中でも独自のパースペクティヴとアプローチについての説明が試みられ、都市地区 (Loop) の説明がなされたところでは、東京の場合も例として挙げられている (pp. 115-118)。

米国都市理論の最大の特色は、その運動理論にある、と奥井はいう。生態学理論に見られる占居、移動、侵入、継承、集中、中心化、隔離といった運動にかかわる見解が注目されたのである。人口学と社会生態学について述べたとき、奥井は「斯くの如き質的観点に立つ観方、社会生態学的研究は生物学―社会学―

経済学的態度である」と論じている。ここでいう経済学的態度とは社会的分化、分業という現象を指す。彼は「都市はかくの如く、生物学的の事実であり、群生態である。都市は自然的景観に対して社会的景観である」という（pp. 105-106）。奥井によれば、現代の大都市に集まっている人びとは、生きるためにも、生活を楽しむためにも、社会的、経済的約束に縛られなければならない。

奥井はまた、シカゴ学識の代表的なケース・スタディの一つである『ゴールド・コーストとスラム』(Zoubaugh, 1929) を紹介しているが（奥井, pp. 512-3）、戦後磯村英一も、奥井の所説の一部を紹介しながら、シカゴと同様の同心円理論を東京に適用している (1954, p. 302)。5年後の著作では、シカゴ学派の成果がより広範に紹介されている（磯村, 1959）。しかし3章末(p. 79)表3－1にも端的に示されているように、1960年代の中葉までの時点では、シカゴ学派に連なるワースに注目していたのは、主に明治生れ（M）、大正一ケタ生れ（T）だったようである。シカゴ学派についての本格的な研究の成果が日本で実を結び始めるのは、さらに10年以上の歳月を待たねばならなかったのである。

注

1) Steven Lukes, *Emile Durkheim. His Life and Work ; A Historical and Critical Approach*, London. 1973, esp. pp. 332ff.
2) Heinrich von Treitschke, *Die Gesellschaftwissenschaft. Ein Kritischer Versuch* (1st edition 1858). Reprinted with an introduction by Sven Papcke, Darmstadt. 1980, esp. ss. 86ff.
3) Wilhelm Dilthy, Einleitung in die Geisteswissenschaften (1st edition 1883), in Dilthy, *Gesammelte Schriften*, I, ed. by Bernhard Groethuysen, 8th edition, Stutgart/Gottingen, 1979.（鬼頭英一訳『精神科学序説』春秋社、1993）
4) 高田保馬「日本に於ける社會學の発達」『教育科學』18　岩波書店、1933、pp. 8-9.
5) 建部遯吾「帝國教育の根本方針について」『日本社會學院年報　第四年』1916、p. 31.
6) 建部遯吾「社會學講座の創設」『年報社會學　第八輯』岩波書店、1941年、p. 22.
7) 二子石武吾の論文は、『日本社會學院年報　第六年』(1919年) 所収　pp. 605-

606. さらに二子石は，高田の有情者結合説は個人の欲望を社会の構成原理としていると非難し，その「社會先天説」を展開する。「社會は結合関係にあらずして社會格を有する有機體なり……社會は實在なり有機體なり即ち社會格 societality を有する活動體なり」
8) 清水幾太郎「日本社會學の成立」『思想』1933年11・12月号掲載『日本文化形態論』サイレン社，1936所収.
9) 清水幾太郎「社會學の悲劇」『中央公論』1934年3月号. p. 70.
10) 新明正道「近代自然法における社會學(1)」『国家學會雜誌』50巻10号, pp. 55-6.
11) Dirk Käsler, *Evolutionism in Early German Sociology*, 1980.（梶谷素久編・訳『国際学会論集　社会学の歴史』学文社, 1989, pp. 21-2)
12) 同書 p. 23.
13) Karl H. Becker, *gedanken zur Hochschulreform*. Leipzig, 1919, in K. -S. Rehberg, Anti-Sosiology : a conservative view of social Sciences.（梶谷編・訳，前掲書, p. 26)
14) 清水幾太郎『社会学入門』潮文庫版, 1970, pp. 80-1.
15) 岩崎卯一「講壇社会学の悩み」『社會學雜誌』48号, 1928, pp. 81-2.
16) 同書, p. 80.
17) 清水，前掲書, pp. 47-8.

参考文献

Nels Anderson, *The Hobo : Fhe Sociology of the Homeless Man*, Chicago, 1923. 東京市社会局訳『ホボ』1930.（以下 Chicago は Univ of Chicago Press).

H. E. Barnes, "The Place of Albion Wocdbury Small in Modern Sociology", *American Journal of Sociology* 32, 1926, p. 32.

L. L. Bernard, and J. Bernard, *Origins of American Socioiogy*, Cromwell, 1943, p. 562.

Herbert Bulmer, *Symbolic Interactionsm*, Prentice-Hall, 1969.

Bogardus, Emory S. "Public Opinion as a Social Force : Race Relations" *Social Forces*, 8, 1948, p. 1025.

E. W. Burgess, "William I. Thomas as a Teacher" *Sociology and Social Research* 32, 1948, p. 762.

Manuel Castelles, *The Urban Question : A Marxist Approach*, tr. by Alan Sheridan, Cambridge, MIT Press, 1977.

Coser Lewis, American Trends", in Tom Bottomore and Robert Nisbet eds.,

A History of Sociological Analysis, Heinemann edn., 1979, p. 316. (磯部卓三訳『アメリカ社会学の形成』アカデミア出版会, 1981, pp. 104-5)

G. Cronje, *Voogdiskap en Apartheid*, Pretoria : Van Schaik, 1948.

Faris Ellsworth, *The Nnture of Human Nature*, N.Y. McGraw-Hill, 1937.

R. E. L. Faris, *Chicago Sociology 1920-1932* San Francisco, 1967.

Eliot Friedson, "Communications Research and the Conoept of the Mass", *American Sociologcal Review 18*, 1953, pp. 313-17.

C. R. Henderson, "Applied Sociology : or Social Technologs, *American Journal of Sociology*, 18, 1912, p. 218.

Lester R. Kurz, *Evaluating Chicago Sociology*, Chicago, 1984, p. 72.

Roderick D. Mckenzie, The Scological Approsch to the Study of Human Communication, *American Journal of Sociology* 30, 1924, pp. 287-391.

Fred H. Matthews, *Quest for American Sociology ; Rodert E. Park and the Chicago School*, Montreal and London, McGill/Queens Univ. Press, 1977, p. 179.

G. Herbert Mead, *Mind, Self and Society : From the Stendpoint of a Social Behaviorist*, Chicago, 1934. (稲葉三千男ほか訳『精神・自我・社会』, 青木書店, 1973)

Howard Odum, *American Sociology*, N.Y. Longmans, 1951, pp. 60-1.

Robert Park, "The City : Suggestions for the Inverstigaticn of Human Behavior in the City Environment", *American Aouinal of Sociology* 20, 1915, pp. 577-612.

——, "Our Racial Frontier on the Pahiric", in *Race and Culture*, ed by E.C. Hughes, Clencoe, esp. 1950, p. 150 (originally published in 1926).

——and E.W. Burgess, *Introduction to the Science of Sociology*, Chicago, 1921.

——E.W. Burgess and R.D. Mckenzie, *The City*, Chicago, 1925.

N.J. Rhoodie, ed., *South African Dialogue*, Johannesburg : McGraw-Hill, 1972.

Clifford Shaw, and Henry D. Mckay, *Jurenille Delinguency and Urban Areas*, Chicago, 1924.

Albion Small, "General Sociology" *American Journal of Sociology* 18, 1912, p. 200.

——"Fifty Years of Sociology in the United States", 21, 1916, p. 770, 786.

A. Small and George Vincent, *An Introduction to the Study of Society*,

American Book Co., 1894, p. 77.
Dennis Smith, *The Chicago School : A Lileral Crtigue of Capitalism*, Macmillan, 1988, pp. 100-1.
W. I. Thomas, and F. Znaniecki, *The Polish Peasant in Europe and America*, 5vols., 1918-20.
―― (1927); second edition, 2vols., N.Y. Knopf, Dover reprint, 1958, p. 44 (桜井厚訳『生活史の社会学』(抄訳), 御茶の水書房, 1983, p. 41)
Frederick Thrasher, *The Yang : A Study of 1, 313 gangs in Chicago*, Chicago, 1927 (Roissued 1963).
Ralph Turner, "Introduction" to *Robert Park on Social Control and Collective Behavior*, Chicago, 1967, p. ix.
Lester Ward, *Dynamic Sociology*, N.Y. Appleton & Co., 1883.
David Watson, "Idealism and the Scheme of the Social Sciences : the American Hegelians and Public Education", presented to the Conference on the History of Social Sciences in Oxford, 1980. (梶谷素久編・訳『国際学会論集・社会学の歴史』学文社, 1989, 第5章)
Louis Wirth, *The ghetto*, Chicago, 1928. (今野敏彦訳『ユダヤ人と疎外社会』新泉社, 1971)
L. Wirth, "Urbanism as a Way of Life", *American gournal of Sociology* 44, 1938, pp. 1-24.
Harvey W. Zorbaugh, *The gold Coast and the Slum : A Sociological Study of Chicagos Nnui north Side*, Chicago, 1929.

磯村英一『都市社会学』有斐閣, 1954.
磯村英一『都市社会学研究』有斐閣, 1959.
奥井復太郎 (1940)『現代大都市論』有斐閣, 1940 (後刻版, 1960).
鈴木広・倉沢進・秋元律郎編著『都市化の社会学理論―シカゴ学派からの展開』ミネルヴァ書房, 1987.
中久郎編『米田庄太郎の社会学』いなほ書房, 1998.
宝月誠「シカゴ学派のモノグラフの解釈―E.H. サザランドの作品をテキストにして―」『社会学史研究』第11号, いなほ書房, 1989.
山岸健「シカゴ学派と奥井復太郎・磯村英一」山岸健・船津衛編『社会学史の展開』北樹出版, 1993, pp. 204-10.

第Ⅲ部　国際社会学と日本

5章　ボットモアと国際社会学会

　20世紀の国際社会学会は，1970年を境として真の国際化が始まったと言えよう。特にトム・ボットモア（Tom Bottomore, 1920-1992）の国際社会学に対する貢献は，日本で知られている階級やエリートの研究者としてよりは，むしろ一種の制度革新者としての役割にあるといえよう。従来の社会学史は，その理論的発展に中心的な役割を果たしたと見られる若干の人物の知的作業に集中することが余りにも多く，その知識を発展させ，伝達するのに必要な制度上の諸形態には，余り注目が払われなかった。そこで，1970年から1982年にわたるトム・ボットモアの国際社会学に対する貢献を，彼がそれぞれ4年間国際社会学会に副会長，会長，前会長として寄与した時期の業績を中心に例示してみたい。

　ボットモアはロンドン大学（LSE）とパリ大学（ソルボンヌ）で社会学を学んだ。1952年にロンドン大学の講師に任じられ，翌年には初期の国際社会学会（ISA）の事務局に入ったが，LSE の社会学教授モリス・ギンスバーグ（Morris Ginsberg）は，1949年の ISA の創立以来副会長の地位にあり，学会の人事にも影響力をもっていた。ボットモアは事務局に入ってから10年間にわたり，当時の ISA で唯一の機関誌 *Current Sociology* の編集に従事した。彼が事務局にいた最後の4年間は，1959年に ISA の会長に選ばれた LSE のマーシャル（T. H. Marshall）教授の下で仕事を続け，1962年，マーシャルの任期満了とともに事務局を去った。

　このように若くして国際社会学会の中枢で仕事をする機会に恵まれたボットモアであったが，当時の国際社会学の主導権を握っていたアメリカ社会学の，科学的社会学が横行していた状況は，ボットモアにとっても不本意なものであった。例えばリプセット（S.M. Lipset）とスメルサー（Neil Smelser）による，1950年代の社会学関係の雑誌論文集では，いわば科学的社会学の勝利を示すも

のとして，理論関係の論文はほぼ機能主義の考察に限定されており，10年後にさまざまの形で社会学に影響を及ぼす現象学，エスノメソドロジー，マルクス社会学，構造主義などについては全く言及されていなかったのである。[1]

1970年は，国際社会学会にとって画期的な年となった。9月14日から19日までブルガリアのヴァルナで開催された第7回世界社会学会議の直前，任期満了を目前にした会長（Jan Szczcepanski）と事務総長（Excecutive Secretary）は，評議会に覚書を送り，ISAの構造と運営上，変革すべき問題点を指摘した。

第1は財政上の問題であり，第2には（ISAのより国際的な発展を図るため）会員資格をより広範囲に拡大することであり，第3は各国の全国学会と「国際化を進める我々のもっとも活動的な機関，すなわち研究委員会［Research Committees : RCs］」との均衡を作り出すことであった。1950年代の末に認められた7種のRCは，国際比較研究の発展に寄与していた。すなわち，社会的成層と社会移動，家族社会学，マス・コミュニケーション，社会心理学（1965年改称），宗教社会学，産業社会学（1966年に労働と組織に改称），都市・農村社会学（1965年に都市社会学に改称）である。第1，第2の課題に対しては，ISAの規約改正で，全ての学者に個人会員としての入会資格が認められ，各国の全国学会のボス支配のために入会の機会を奪われていた学者にも，広く門戸を開くことになった。また規約の改正で，第3の課題を達成するため，研究評議会が設けられた。ボットモアはヴァルナの会議で副会長の一人に選ばれ，英国からは会長も副会長も選ばれなかった8年間の空白の後，ISAの中枢に復帰できたのである。[2]

ボットモアは既に英語圏で，特に英連邦諸国の学者には，社会学の最も優れた概説書の一つを著した（*Sociology : a guide to problems and literature*）ことで知られていた（George Allen and Unwin, 1962, 9th impression 1970）。言うまでもなく優れた概説書が出現することは，ある学問の発展にとって，学者

間の相互交流や知識の国際的普及の点でも不可欠の前提なのである（同書は1987年の第3版以前に, 25年間で10万部以上のロングセラーとなった）。

1974年のトロントにおける第8回世界社会学会議で, 私は初めて研究委員会のパネルにペーパーを提出する機会を得たが, この大会でボットモアは会長に選ばれた［当初は日本代表に関して, オーガナイザーのルークス（S. Lukes）から相談があり, 日本社会学会元会長の阿閉吉男教授を推挙したのだが, 同氏が英語で書いた日本社会学史関係の論文が見当たらないといってお断りになったので, 私がペーパーを出すことになったのである］。ボットモアの副会長在任中から会長になるまでの4年間には, 14の新しい研究委員会が誕生した。1970年までは, 新しい研究委員会の誕生は4年間で4から6であり, 1974年以後も6以下であった。当時研究委員会の数が著しく増加したことは, 1970年の制度改革の結果であり, その増加は同時に国際的研究活動を促進したのであった。トロントの会議に提出されたペーパーは, ボットモアの主唱で, ロンドンとカリフォルニアから Sage Studies in International Sociology として, 10巻に分けて出版された。その第1巻は, ボットモア自身会長として編集に当たった *Crisis and Contention in Sociology* であった（1975年出版）。

その第1巻の導入部「社会学に危機はあるのか？」のなかで, ローマ大学のフランコ・フェラロッティ（Franco Ferrarotti）は, 次のように述べている。

現在のところその危機は, 一つの特定の学問分野として, また社会的実験の一種の道具としての, 社会学の実質それ自体に入っているように思われる。ここで再び我々は, 社会学は危機的で困難な状況をくぐりぬけてきたことを忘れてはならない。

またノーマン・ビルンバウム（Norman Birnbaum）は, ボットモアが編集した第1巻の最後の章で, 暫定的な結論を下している。

社会学の伝統が寄与してきた多くの作業は，社会学以外の分野で成就されようとしていることは明白である。それは1種の伝統の長さの賜物であって，型が崩れた時期においてさえそうであったが，それは我々に対しても同様に当てはまるわけではない。他方では新しい思想の構造，新しいタイプの探求が，ポスト・ブルジョア時代に特有の同時代の歴史の諸現象を扱っている。最後に人間諸科学における知的発展，蓄積とイノベーションという諸過程では，全てではないにしても，その大部分は社会学には見られないのである。[3]

ボットモアはトロントにおける議論を，第1巻の序文で次の様に総括する。

今日の社会学の争論に満ち，混乱して定まらない特性を概説するものこそ，世界のこうした現実の複雑な変化に他ならない。しかし，変りつつある世界の主要な諸問題が定式化され，体系的に検討されて，我々の間のより楽観的な（もしくはもっとナイーヴな）人々ならそう考えさえするかもしれないが，結局より十分に理解され，より効果的に攻撃さえされる，一種の知的競技場をなしていることは，少なくとも社会学の美点の一つである（p.11）。

こうして国際社会学という知的競技場の活性化をもたらしたボットモアは，1992年のメキシコにおける，第三世界で最初に開催された第10回世界社会学会議まで，前会長としての影響力を維持し，その準備に協力を惜しまなかった。この会議の画期的な企画は，会議前に各研究委員会の論文集を出したことで，Sociology: the State of the Art と題して，会議場の受付で配布された。[4] 会議のプログラムや報告要旨などを受付で配布するのは学会の慣例であるが，主要分野の研究委員会の現況報告が1書にまとめられたのは新機軸であった。同書の編集にはボットモアのほか，ワルシャワ大学のステファン・ノワック（Stefan Nowak），ポーランド科学アカデミーのマグダレーナ・ソコロウスカ（Magdalena Sokolowska）という，ポーランドの有力教授たちが協力している。13の研究

委員会の現況報告が掲載されたが，社会学史研究委員会からも，ワルシャワ大学の J. ソッキ（Jerzy Szacki）が執筆者に選ばれており（最終章），私は会議を総括するパネリストの一人に選ばれた。この第三世界で最初に開催された記念すべき会議が，社会学理論と社会的実践をテーマとし，大成功を収めたのも，ボットモアの助力によるところが大きかった。

ただボットモアが活躍した国際社会学の転換期に当たる1970年代から80年代初期にかけて，日本社会学会から理事として送られた人達は，実証研究では優れた実績があるものの，大学や大学院で社会学を専攻した学者ではなかったのである（例えばM教授は，東京文理大学で倫理学を専攻した）。国際的学会の主流が，社会学の危機や性格規定に関心を寄せている時期に，ボットモアなどと議論ができる人材を送らなかった学会の人選には疑問を禁じ得ない。

ボットモアは1985年，サセックス大学で定年を迎え，記念の学会が開催された。学会に寄せられたペーパーの論文集のタイトルは，メキシコでの会議のテーマを連想させる，*Social Theory and Social Criticism* であった。

彼は退職後も自宅で執筆活動を続けていると私に書き送ってきたが，執筆活動は1986年彼の妻メアリーの急死で中断された。幸い1988年には彼は再び執筆を開始し，東ヨーロッパにおけるベルリンの壁の崩壊に始まる劇的な変化にも助けられ，*The Socialist Economy : Theory and Practice* を公にすることができた。

彼は1992年12月9日，突然72歳でこの世を去った。彼の子息からの航空便で訃報に接したのは葬儀の前日のことであり，早速ファックスで弔意を伝えた。彼が国際社会学の発展に多大な寄与をしたのは，第1には，1962年の初版から1987年の第3版に至るまで国際的に評価された優れた社会学の概説書の著者であったと同時に，国際社会学会の機関誌の編集者として，社会学の知識の国際的普及に多大な貢献をしたことである。第2には，彼が国際会議での傑出した

オルガナイザーであり，提出されたペーパーの優れた編集者でもあったことである。それは国際社会学の視圏を，北半球の先進地域から第三世界に拡張した。また彼は，1974年の最初の論文集でも「社会運動と政治行動」に大きな関心を払っていたのである（次章参照）。

注
1) *Sociology : The progress of a Decade*, Prentice-Hall, 1961. 'It is very doubtful (and Gouldner does not demonstrate in any way) that functionalism, and more particularly Parsons's version of it, has enjoyed such a commanding position during the last decade even in American sociology, while in Europe it never achieved pre-eminence at all.' (Bottomore, 1975A, p.46). He was quite right about Parsons, for he was able to be aquainted with the situations of American sociology in the years when he taught sociology at newly established chair of sociology at Simon Fraser University in Vancouver, from 1965 to 1968. An enquete to the ISA members in 1998 about the sociological books of the 20th century has also shown that Parsons's *The Structure of Social Action* got their vote only less than a half of his American colleague Robert Merton's *Social Theory and Social Structure*. （本書 p. 124）

2) The year 1970 marks a crucial break in the history of the ISA. Just before the 7th World Congress in Varna, Bulgaria, from September 14th to 19th, a memorandum to Council members from the President Jan Szczepanski and the Executive Secretary advised that the proposed changes addressed 3 problems of the current structure : the need (both financially and for the mission to develop the ISA more international) for wider membership, the need to create a balance between the interests of the national associations and of 'our most active agents of internationalization, the Research Committees' [RCs]. Beginning in the late 1950s, the various Research Committees were among the first organizations to develop comparative research. The first seven RCs sanctioned in 1959 were : Social Stratification and Mobility, Family, Mass Communication, Psychiatric Sociology (Social Psychology, 1965), Sociology of Religion, Industrial Sociology (Work and Organizations, 1966), and Urban-Rural Sociology (Urban Sociology, 1965). The ISA statutes were amended to make individual membership available

to all interested colleagues. At the same time a Research council was created.

Bottomore was elected as one of the vice-presidents at Varna Congress, and returned to the executive circle of the ISA after eight years' absence, when none from Britain was elected president nor vice president of the ISA.

3) An End to Sociology? with a Selected Bibliography, in Tom Bottomore ed., *Crisis and Contention of Sociology*, p.203.

4) The 13 RCs' topics included in the volume from Sage Publications were : innovative processes ; alienation theory ; the sociology of religion ; armed forces and society ; economy and society ; the sociology of race relations ; international and internal migrations ; the sociology of education ; the sociology of work ; urban sociology ; the sociology of leisure ; medical sociology and the sociology of health ; and the history of sociology (1982).

5) The Present Status of Sociological Theory and Social Practice : A Summing-up for the Congress (Plenary Session 4, Friday, August 20, 1982), *Official Program* of 10th World Congress of Sociology, p.191. Chaired by Fernando H. Cardoso (Brazil, president of the ISA 1982-1986). Panelists were M. Kajitani (Japan), C. Kiuranov (Bulgaria), A. Mafeje (Egypt), G. Osipov (USSR), T.V. Riabushkin (USSR), N. Smelser (USA), R. Stavenhagen (UNESCO), and A. Touraine (France).

6) The volume was edited by William Outhwaite, University of Sussex and Michael Mulkay, University of York (Oxford, Basil Blackwell, 1987). About Bottomore's way of life, see my Postscript to the Japanese edition (1980) of *Sociology as Social Criticism*. (次ページ参照)。

7) He told me the original Cottage had been built in the days of Sir Francis Drake.

8) Harvester-Wheatsheaf, Sussex, 1990. Its subtitle reflects the general theme of the 10th World Congress of Sociology, for which Bottomore helped so much to prepare : namely, Sociological Theory and Social Practice.

9) *Citizenship and Social Class*, Pluto Press, 1992. Part I of the book is the reproduction of the same title by T.H. Marshall, 1950, and Part II was written by Bottomore, covering from 1951 to 1990. One recent advocate for the scope to allow for citizenship and quality is Fernando Cardoso, The age of enfranchisement, *Foreign Policy*, Summer 2000, No. 119, pp. 40−42.

BOTTOMORE, THOMAS (TOM), BURTON (1920-1992)

1920 イングランド生まれ
1952 ロンドン大学 (LSE) 講師, 準教授 (READER, -1965)
1965 サイモン・フレーザー大学 (ヴァンクーヴァー) 教授 (-1968)
1968 サセックス大学 (イングランド) 教授 (-1990)
1969 イギリス社会学会会長 (-1971)
1970 国際社会学会 (ISA) 副会長 (-1974)
1974 国際社会学会会長 (-1978)
1990 サセックス大学名誉教授
1992 サセックスにて逝去

著書

(Ed. with M. Rubel) *Karl Marx : Selected Writings in Sociology and Social Philosophy*, Watts & Co., 1956 ; Penguin Books, 1963.

* *Sociology : A Guide to Problems and Literature*, Allen & Unwin, 1962 ; rev. edn., 1971 ; 3rd edn., 1987.

* *Karl Marx : Early Writings*, Watts & Co., 1963, McGraw-Hill, 1964.

* *Elites and Society*, Watts & Basic Books 1964, Penguin edn. 1966.

* *Classes in Modern Society*, Allen & Unwin, 1965, etc.

* *Critics of Society*, Allen & Unwin, 1967, Pantheon Books, 1968.

* *Karl Marx*, Prentice-Hall, 1973.

* *Sociology as Social Criticism*, Allen & Unwin, 1975A

* (Ed.) *Crisis and Contention in Sociology*, Sage Studies in International Sociology 1 [International Soc. Assoc.] Sage, 1975B

* *Marxist Sociology*, Macmillan, 1975C

* (Ed. with P. Goode) *Austro-Marxism*, Oxford Univ. Press, 1978A

* (Ed. with R. Nisbet) *A History of Sociological Analysis*, Heinnemann & Basic Books, 1978B

* *Political Sociology*, Hutchinson & Co., 1979.

* (Ed. with S. Nowak and M. Sokolowska) *Sociology : the State of the Art* [International Soc. Assoc.] Sage, 1982A

* (Ed.) *Modern Interpretation of Marx*, Blackwell, 1982B

* (Ed.) *A Dictionary of Marxist Thought*, Blackwell, 1983.

* *Sociology and Socialism*, Harvester Press, 1984A

* *The Frankfurt School*, Ellis Horwood/Tavistock, 1984B

* *Theories of Modern Capitalism*, Allen & Unwin, 1985.

* *The Socialist Economy : Theory and Practice.* Harvester-Wheatsheaf, Sussex, 1990.

A List of Japanese Editions of the Books by Tom Bottomore

1. *Elites and Society*
   (Watts & Co., 1964)『エリートと社会』綿貫譲治訳, 岩波書店, 1965
2. *Classes in Modern Society*
   (Allen & Unwin, 1965)『現代社会の階級』馬場明男ほか訳, 川島書店, 1967
3. *Sociology as Social Criticism*
   (Allen & Unwin, 1975)『社会学の課題―Sociology as Social Criticism』梶谷素久訳, 誠信書房, 1980
4. *Political Sociology*
   (Hutchinson & Co., 1979)『政治社会学入門』小山博也訳, 新評論, 1982
5. *Theories of Modern Capitalism*
   (Allen & Unwin, 1985)『近代資本主義の諸理論』小澤光利訳, 亜紀書房, 1989
6. *Citizenship and Social Class*
   (With T.H. Marshall : Pluto Press, 1992)『シティズンシップと社会的階級』岩崎信彦・中村健吾訳, 法律文化社, 1993 ［マーシャルの原著（1950年）と解説論文］

（A 5 版の『社会学の課題』以外は, 全てB 6 版, 完訳書のみ掲載）

6章　社会理論受容の問題

ロバート・ニスベットも述べていたように，社会学はヨーロッパ諸国が，産業資本主義社会に移行する時代の，社会的危機の中で形成されたとすれば（Nisbet, 1966），我々もニスベットの言う通り，世紀末までに形成された社会学思想の軌道の上で，社会を観察していたのだと言えよう。トム・ボットモアも「この見地からみれば，1930年代から1950年代の終りまでの社会学思想における諸変化は，一つのテーマに関するバリエーションとみられる。1930年代の急進的社会学，特にそのマルクス主義的形態のものは，大体において本道から外れて（derivative）いた。それはスターリン主義の影響のもとで，しばしばきわめてお粗末な形で，伝統的な思想を利用したし，ヨーロッパの革命的運動が頂点に達した今世紀の初頭に出現した，レーニン，ローザ・ルクセンブルグ，ルカーチ，グラムシ，及びオーストリア・マルクス主義者などの著作にみられる，オリジナルな思想は全く生み出さなかった。その後に続いた保守的社会学も，同様に本道から外れていた。その顕現の一つとして，タルコット・パーソンズの理論体系をみれば，それは一種のきわめて無味乾燥で学者ぶった形で，古典的社会学者の思想の中でも最も保守的な要素を綜合したものが大部分である」（Bottomore, 1971）と述べる。

社会学者の「理論と実践」，又は社会的使命が問題とされる場合，「理念型」を設定する際の「意欲された目的」と，その実現にとられるべき手段との間の予定調和を信ずる限りは，「価値判断からの自由」に安住することも可能であろう。ボットモアの主張では，

　　「しかし，実際のところ，『理念型』は次第に『理想』となるのである。そしてパーソンズと彼の追随者たちは，今日までに良く知られているように，近代産業社会の経験的諸特性として，秩序を乱している諸要素の調和と，均衡と，統合とを一貫して強調し，一方で主な社会的紛争と社会のシ

ステムに一種の根本的変化を生むかもしれないような社会運動を、頑固に無視しているのである。パーソンズが、アメリカの黒人に関する彼のエッセイにおけるごとく、経験上の諸事件や諸問題について論じている場合は、彼の基本的関心は、現在の社会のシステムへの統合にあり、それらの諸問題を解決するためには、システム自体が変らなければならないかもしれないという考えのようにラディカルな仮説には、関心はないのである。

　リプセットとラッドが主張しているように、パーソンズの多くの社会問題に対する態度は保守的というよりはむしろリベラルであるというのは、もっともなことである。しかしこのことは、彼が一思想家として生み出す理論と、彼が社会の一員としてなす実際的判断との間に、離接（disjunction）のあることを反映しているのかもしれない。この想定は、パーソンズが当面の社会問題を実際に分析する時には、彼は必ずしも彼自身の一般理論から派生した命題から出発するわけではなく、彼とは根本では違っている社会理論家たちから借用した概念の枠組の中に彼の議論をすえる（たとえば、彼のアメリカの黒人に関するエッセイでは、彼はT. H. マーシャルとギュンナー・ミュルダールの諸概念を用いている）事実によってもある程度確証できるものである。

　リプセットとラッドによって言及された、もう一つの、きわめて驚くべき、そのような離接の例がある。日本の社会学者に関するある調査〔鈴木、1970——引用者〕が、明らかに示したところは、30才以下の人々は、年長の諸世代よりも政治的にはもっとラディカルであったのが、日本人以外の社会学者として相当に注目する価値のある者として、パーソンズに言及した頻度がより高く、マルクスには全く言及しなかったことである。かくも驚くべき調査上の発見は、単純に額面通り受けとられるべきではないが、さらに深い探求を誘発すべきである。」(Bottomore, 1972. p.7)

　リプセットとラッドは、英国の学者に対する意識調査のデータ（Halsey & Trow, 1971）をも援用して、次のように述べたのである（Lipset & Ladd, Jr.

1972, pp.87-8)。

「この研究の示したところ……これらの圧倒的にラディカルな日本の学者たちは、注目に値する日本人以外の社会学者の名前を挙げるよう求められた時、誰よりもタルコット・パーソンズを指名した頻度が高く（24％），次にロバート・マートン（19％）であった（鈴木，p.383。本書pp.78-9）。

日本の調査結果でさらに驚くべきことは、ラディカルな政治への選好と、タルコット・パーソンズおよびロバート・マートンに対する選好とが、最も年の若い学者たちの間で最も強いという事実である。30才以下の社会学者たちは、他のどの年令層よりも共産党支持が多く（35％），自由民主党や民主社会党を支持した者は一人もなかった。これとは逆に、54才以上の社会学者たちは最も保守的であった──35％が自民党支持で──共産党支持者は一人もいなかった。しかも機能主義の主唱者である二人のアメリカ人に対する肯定（パーソンズ・マートンとも31％）は、30才以下の社会学者の中に最も多く、そのうちの誰もカール・マルクスを挙げていない。

明らかに、日本と英国のデータは、急進的かつ社会主義的政治への忠誠と、アメリカ機能主義に対する肯定的態度とは、何の矛盾もなく両立しうることを示している。」

この調査を実施した鈴木広氏は、リプセットらの分析について、「彼の解釈にはやや疑問がある」とのべているだけで、氏自身の分析は示していないが（鈴木，1973，p.236），このように保守的社会学の代表とみなされる「アメリカ機能主義」と、急進主義的政治意識とが両立されうる原因は何か。リプセットのいう「大部分の学部は、実際の所、現存の伝統を（後進に）伝えることに身を捧げており、伝統の拡大や批判的拒絶は行わない教師たちの集合なのである」（Lipset & Ladd, 1972. p.88）という説明では、日本の当時の若手社会学者たちの「二重思考」を、「何の矛盾もなく」説明するには不適当であろう。何よりも30才以下の社会学者たちは、教師にもなっていない大学院生や、助手が多いからである。それと共に重要に思われることは、これらの若手研究者の「理論

と実践」・「生活と研究」に関する意識であろう。鈴木氏のいう昭和二ケタ＝S2世代の意識は，次の選択とに対する支持のセットで代表されよう（回答者の84.62％，前掲鈴木，1973, p.217）。「論理と実践は統一さるべきであり，学問は実践によってその真理性が証明される。研究者は社会的実践の中から問題をつかみ，自分の実践を通じてのみ学問的成果をいかしうる。」「学者も一個の生活者である。本代が値上りし，学者が冷遇されている現代では人並の収入・生活基準を確保し，……生活を守りよくすることを第一に考えなければならない。」

この理論と実践の「統一」・生活第一主義が，S2世代の圧倒的多数を支配していた意識とみられる（残る15.38％は全部，理論と実践の「区別・生活」第一主義。）かれらの収入が，実業界に就職した学卒者に比べて低いことから「生活」第一主義に傾くのは無理もないけれども，鈴木氏の調査でも，その出身地と父親の職業は，S2世代においては「東京を中心とする中部以東，各種の都市的職業」であるという（同書，p.219）。ここにこの難解を解く一つのカギがありそうに思われる。

理論と実践の「区別」・「生活」第一主義は，言うまでもなく一種の「二重思考」である。しかしこれはボットモアがこの調査結果についてコメントした'double think'とは違う（Bottomore, 1972, p.7）。すなわちボットモアによれば，「一つの理論を彼らの学問的役割のために受容し，もう一つの理論を彼らの私的な政治的役割のために受容する」，鈴木氏の分類では，理論と実践の「統一派」に属する，昭和二ケタ生れの社会学者の大部分（84.62％）の思考様式をさしているのである。すなわち政治的には「米帝反対」を叫ぶ社共両党を支持しながら，社会学理論の上では，彼らの「米帝反対」の立場からみれば当然「アメリカ帝国主義」のイデオロギーとして評価すべき「機能主義」理論を受容するという，極めて奇妙な理論と実践の「統一」派とみられる。これで彼等の精神に「統合」や「均衡」が保たれているといえるであろうか。むしろそれらが欠けているために「均衡理論」としての「機能主義理論」に傾斜したの

であろうか。

　近代的な政治制度や経済体制を導入してきた明治以来の日本では，西洋は常に模範とすべき「都会」であり，「田舎」の日本は，西洋の中で最も有力かつ最新とみられる成果を輸入することに専念してきた。パーソンズらの「機能主義理論」は，戦後の社会学の中心的存在になったアメリカ＝「都会」における支配的理論とみなされた以上，これを積極的に受容しなければ，日本における「都会人」とはなれない――つまり「時流に遅れる」と思うのは無理もない。また自民党が「田舎」に基盤をもつ政党とみられるのに対し，社共両党，特に共産党は都市に支持者の基盤をもつ政党であり，若手の社会学者の出身階層からみても，公明党よりもずっと親近性が強かった。

　また戦後のアメリカ社会学は，見かけはコスモポリタン的な様相を呈してきた。パーソンズやマートンにしてもその例外ではなく，「アメリカ的楽観主義の視点」を保持しながら，普遍主義的・コスモポリタン的理論を提示する彼らに，「東京を中心とする中部以東，各種の都市的職業」（労働者層はいない）を出身階層とする，若い社会学者たちが惹きつけられたのも，無理もないことかもしれない（知的デラシネには，理論が普遍主義的であればある程，実践との異和感を覚えないですむ）。また日本ではマルクス経済学が（英米とは違い）経済学における一方のエスタブリッシュメントとみなされており，社会学の「独自性」を主張する以上は（又はマルクスは社会学という「特殊科学」の枠をこえた学者とみて）「社会学者」としては名があがらなかったことも，十分に考えられよう。

　また，パーソンズの構造＝機能的分析が，追随者に「体制擁護」の理論的武器とされたにせよ，それ自体をイデオロギー的に保守的と評価するのは不当とみる人もあろうし，また社会問題に対するパーソンズの見解がしばしばリベラルであることは，ボットモアも認めている（訳書43ページ原注）。ただ問題は「米帝反対」に賛同する人が「アメリカ機能主義」も「米帝」のイデオロギーを反映していると考えないのはおかしいということであり，ボットモアもコメントした通り「きわめて驚くべき」ことであると，第三者が考えるのは当然で

ある。「アメリカ機能主義」の肯定と社共両党への支持は（リプセットのいう様に「何の矛盾もなく両立しうる」と考えるには）イデオロギー上の「矛盾」はさておき，「都市的なもの」への傾斜という点では，みごとに「統一」されていると説明する方がより妥当であろう。まことにテンニェスが苦渋にみちた筆致で語ったごとく，「ゲマインシャフトは古く，ゲゼルシャフトは新しい」のである (Kajitani, 1974)。

ちなみに，この問題に関するボットモアのコメントは，次の通りである。

「リプセットとラッドにより示唆された答は，パーソンズ及び機能主義理論は基本的には保守的ではないということである。しかし二つの他の解答も可能である。一つは私が上に示した線に沿ったもので，すなわち，個々の社会学者たちは一種の二重生活を営み，『二重思考』を行うようになってきており，ある理論を彼らの学問的役割のために受容し，他の理論を彼らの私的な政治的役割のために受容するというものである。いま一つの答は，機能主義は一種の総体的に保守的な影響を与えたし，さもなければ社会学者たちはよりラディカルになったかもしれないと言うことであろうが，当然の結果としては，機能主義を完全に拒絶した社会学者たちは，もっと一貫してラディカルであった（又はラディカルであるためには，彼らは機能主義を拒絶することが必要であることを発見した）ということであろう。リプセットとラッドにより提示されたデータは，この問題に決定を下すには不十分だけれども，そのようなことが実際にあることを示す相当の兆候はある。………

リプセットとラッドは，したがって，彼らが提起した問題に決定的な決着をつけているわけではないが，むしろ，われわれに社会学理論と政治的教義との関連についての一連の新しい諸問題を提示している。………私はより綿密な注意を払うに値すると思われる主要な問題の若干を示すことで，この論評を終ることにしたい。まず最初に，1950年代の間に西側の工業諸

国で発展した，社会・政治思想の保守的志向をもっと詳細に検討することは，社会学と他の社会諸科学における諸理論が，全般的な政治的教義や政治的態度に影響を与え，また影響をそれらから受けたかの様態と，これらがその逆に社会的条件から影響をうけた様態とを観察する試みの上でも，より啓発されることであろう。もう一つの問題は，1960年代の一種の新しい急進主義に関するものであり，これについては多くのことがすでに書かれてきたが，社会や，諸集団の構成や諸関係における諸変化と，社会運動や諸教義の出現とを結びつける種類の構造的分析を欠いていた。これら二つの問題から生ずるのは，中でも最も難かしい問題，すなわち，社会思想と政治行動における急進的・保守的諸志向の継承である。」(Bottomore, 1972. pp. 7-8)

ボットモアが社会学者の，社会理論と社会批判における「二重思考」の問題を，政治的教義や政治に対する態度，さらに1950年代から60年代にわたる「社会変動」との関連で分析するという問題提起を行っているのは，彼自身が持ち続けてきた知識社会学への関心の延長線上にあるといえよう。その20年前『英国社会学雑誌』において，「知識社会学についての若干の考察」と題して，示唆的な提言をしている (Bottomore, 1956)。彼は知識に関する経験的社会学の「三段階」を提示しているが，まず知識社会学は「反省的思考と社会構造との関係の研究，つまりそのような思考と社会集団（社会階級，職業，基礎社会等），制度および全体社会との間の研究」とされる。この第1段階は，知識のタイプの分類であり，特に科学的知識に関する上述の研究の必要性が強調される。第2段階は，知識と社会構造の相互作用を分析する上で，従来のマルクス主義が，土台→上部構造という一方的な作用の分析のみに止まっていたことを批判する。第3段階は，科学者や専門職などの社会諸集団の研究であり，この中には当然社会学者も含まれるわけである。

ボットモアはまた，その名著 *Sociology* (2nd edition, Allen & Unwin, 1971)

の中でデュルケームとマンハイムに言及し，両者は「哲学的諸問題を解決するという意味で。社会学は哲学に対し，一種の直接的な貢献ができると主張するように思われた。しかしこれは誤りである。かくて，認識論は一種の知識社会学の基礎ではあるが，その逆ではない」とのべている (p.79)。

ボットモアの提起した「二重思考」の問題については，私もオックスフォード大学の社会学・行政学の主任で，英国の学者たちに関する大規模な意識調査を公にしている (Halsey & Trow, 1971) ホルゼー博士に，英国の社会学者たちにもこの「二重思考」が経験的に観察されうるかどうかを訊ねたことがある。答は「イエス」であった（オックスフォードやロンドン大学でのセミナーの折，私がこれに関するペーパーを読んだ時の参会者の答も同様であった）。さらに博士は問わず語りに「ボットモアはマルクス社会学者と一般に言われているのだが，彼の発想は全く英国人的なのだ」と断言した。ボットモアの英国人的な思考様式は，訳書でも第5章などによく現れていると思うが，彼の「二重思考」はどこに見られるだろうか。それを最も雄弁に立証するものは，「インドのエリートにおける結合と分離」の章末であろう (Bottomore, 1967)。

ボットモアは次のように結論している——「この状況では，会議派はなお一つの決定的な利点をもっている——何故ならば同派は，過去20年の経済的進歩を触発し，指導してきたからであり，パンチャーヤット制の機構を通じて，民主的政治を人民にもっと密接なものにしてきた，民主的政治の真の拡大を主導してきたからである。」

インドの「経済成長」を賞揚する点は，かつてマルクスがインドにおける鉄道の発達を「近代化」→搾取からの解放への道程として歓迎したと同様の，西洋の価値観を基準にした「近代化論」の現代版ともいえよう。事態はマルクスの希望通りにはならなかったことは，過去一世紀のインドの歴史を見れば明らかである。

かつてインドを統治した英国人の文官たちは，そのインド統治の実績に関する年次報告書を *Moral and Material Progress* と題して，彼らがいかにイン

ドの「進歩」と「最大多数の最大幸福」のために尽力し貢献したかを詳細に記述したが，その作業を支えたのは，英国のインド統治を全能の神に託された壮大な事業として，その職務に精励しようとする，執念と使命感である（以下詳しくは Kajitani, 1976)。このような「帝国的使命感」と利巧主義的社会思想は，現在のインドの政治に，どのような遺産を残しているのであろうか。

　われわれが大英帝国に対するすぐれて利巧主義的な英国人の対応を問題とする時，若干の顕在する立場を識別することができよう。第一は「帝国的使命感」を信ずる，支配エリートとしてのプラトニックな禁欲的精神であり，これはまたインド高等文官の教育と規律を支えた精神でもあった。第二には「インド人のマグナ・カルタ」を奉ずる，統治者としての英国人の「受託者の責務」を説く，エドマンド・バーク流の「自由主義的帝国主義」のドクトリンがあり，第三にはベンサム流の理論――「最大多数の最大幸福」（＝無智で貧しい土民の幸福）のための，積極的な政府の立法を基にした諸活動を主張するものであった。インド統治の「受託者」が，その良き意図と責任感にもとづいて行動していると信じたのに対し，ベンサム流の功利主義者たちは彼らの事業の「達成」に誇りを抱いたわけであり，「受託者」としての信念と「業績」への誇りは，しばしば同一人物の中に共存していたのである。代表的な自由主義者といわれるジョン・スチュアート・ミルでさえ，彼の『自由論』の序章でのべている様に，「専制政治は，もしその目的が野蛮人の進歩であって，その手段が実際にその目的に作用することで正当化される限り，野蛮人に対処する上での一つの正当性をもった政治型態である」と主張していた。ミル父子とインド省との関係の深さや，両者の功利主義思想の展開については，この小論の性格上論及は控えるが，ジョンの父ジェームズ・ミルの名著『英領インド史』が，ヴィクトリア時代のインド文官教育の必読文献であったことは指摘しておこう。現在のインドでも継承されているインド刑法典の起草に当った功利主義者であり，ミルの『自由論』に対する厳しい批判を『自由，平等，友愛』と題して公にしたジェームズ・スティーヴン卿も，同書の中で専制政治を「莫大な数の性悪で無関心な

人々」＝インドの土民のためには必要な政体であるとみた点ではミルとの間に大きな相違はなかった。すなわち「彼らに作用を及ぼすことが実際に可能な方法は，強制か束縛に依る以外にはない」(Stephen, 1873)。スティーヴン卿は，功利主義的諸政策がヴィクトリア朝後期の「帝国主義」に転化する過渡期における代表的人物とみなされるが，この時期はまた，スペンサーによる「自由放任」の思想が次第に英国では勢威を失い，天才的政治家ディズレーリが掲げた保守党のスローガン＝「帝国，社会改革，王冠」が，英国の政治文化の中に定着していった。このことは，功利主義，中でもベンサム主義を特徴づける一面としての「平等化」への志向が，国家の（立法による）積極的改革を促進し，後年の「福祉国家」へのレールが敷かれた一方，対外的には「帝国」の保全と拡張により「王冠」の栄光を増すという，列強との角逐における「適者生存」の原理により，世界の分割をおし進めることになった。こうしてインドでも，ベンサム流の功利主義的統治は形骸化し，国家的収奪が本格化してゆくのである。

　英国のインド統治における功利主義的遺産は，ガンジー首相がとった，反対派に対する弾圧を正当化する論拠にも，その影を落している。新聞に完全な検閲を課した理由を『サンデー・タイムズ』の記者に尋ねられたガンジー首相は，こう答えている。「われわれが新聞の検閲に訴えなければならなかった理由は，ある種の新聞は反対派の同盟 (Opposition Front) の完全なパートナーになってしまい，（国民の）士気を阻喪させ，暴力を扇動し，暗殺さえ唱道していたから」であり，「われわれは，少数者にとって指図される事態から，多数者の自由を譲らなければならない」とのべている (Naqui, 1975)。

　1878年に土着語新聞に対する事前検閲がインドで立法化された時も，英国の代表紙『ザ・タイムズ』は政府を支持して，社説で次のように説いている (1878年3月16日)。

　「大叛乱〔セポイの乱〕の期間における短期間の自由の停止を例外とすれば，インドのすべての新聞 (Press) は，43年間にわたり，国家の統制

からの完全な自由を享受してきた。その結果といえば，英国人の新聞は良い政府に対する強力な補助者にまで生長してきた一方，土着語新聞はこれまでその特権を濫用して，政府からこの様な断固とした拘束的な法律を引き出すまでに至ったのである」。

英国人にせよガンジー首相にせよ，「法と秩序」を掲げる「支配者の論理」が，「最大多数の最大幸福」＝良い政府という図式で正当化されるという点には，基本的な相違はない。当時のインドにおける「圧政」を黙認するボットモアも，そのインド滞在中の経験から，貧困で無智な民衆をより豊かにするのは，国民会議派と，その頂点に立つガンジー首相による政情安定しかあり得ないと私に語っており，その限りでは，ヴィクトリア時代の英国の功利主義者たちとの間に，基本的な相違はないといえよう。ホルゼー博士が「ボットモアの発想は全く英国人的なのだ」と指摘したのも，同じロンドン大学の卒業生としてボットモアの思想の背景をより良く知りうる者としての，適確な観察というべきであろう。

ロンドン大学における有力な伝統の一つとなったフェイビアン社会主義は，ディズレーリの掲げた保守党のスローガンの，進歩主義的ヴァリエーションともいえよう。従来の自由主義が，国内における社会的ダーヴィン主義＝適者生存の原理を是としたのに対して，フェイビアン社会主義者にはミル（J.S.）を通じたベンサムの影響が顕著にみられる。すなわち，シドニー・ウェッブやバーナード・ショウは，国内においては社会改革＝福祉の向上により社会的ダーウィン主義を排する一方，国外では「適者生存」の原理に立つ，帝国主義的政策を支持したのである。これは英国の労働者にとっては，「大英帝国」からできるだけ多くの「分け前」に与ろうとすることであり，戦後の労働運動にも，いわば「親方ユニオン・ジャック」の意識が残存していたといえよう。また戦前はロンドン大学が孤塁を守るに等しかった社会学講座が，1960年代の新大学の増設で急増したことは，英国の社会学者にとっては，正に待ち望んだ国家による「分け前」であったと思われる。我々が戦後の大学増設で社会学の講座が急増

した恩恵を受けていると同様に、ボットモアもサセックス大学の主任教授として帰国することができたのである。ロンドン大学で教授の地位を得られなかった彼も、カナダでそれを得、時至れば帰国して新設大学で指導的地位についた。また彼が労働党の熱心な支持者だったのも、国家からの「分け前」の要求を「公的争点に転化する」(Bottomore, 1971) 彼の姿勢のあらわれといえよう。

ボットモアは「平等を求める争闘」を、現代の急進主義の顕現とみているが (Bottomore, 1971)、国家にさらに多くの「分け前」を要求する「急進主義」も、一種の「社会的功利主義」と言えるであろう。スメルサーなどにしても、初期パーソンズ流の「反功利主義」――実際は功利主義と結びついた「自由放任」への反旗だったのだが――から、社会的功利主義＝社会計画への接近を図り、国家や政府の積極的役割を是認していることは、ボットモアがインドの国民会議派＝前政権の、民生安定の為の積極的な役割を評価しているのと同巧異曲であろう。ただボットモアの場合は、欧米先進諸国には「搾取」を非難しながら、後進インドには「法と秩序」による「社会計画」に期待し、政治的弾圧も必要悪として認める「二重思考」が見出されうるであろう。

英国における代表的スペンサー研究者として評価されているジョン・ピールの言でも「政治経済学は、当時は最大幸福への最良の手段らしく思われていたし、したがって"集産主義"は、功利主義を拒否するものと思われたのかもしれない」ということだが (Peel, 1971) この観察は恐らく正当であろう。マルクスも『ドイツ・イデオロギー』の中で、功利主義の人間観や社会観が「ブルジョア的」効用という基準に還元されることを批判しているものの、これから (Bottomore, 1966) 彼の「集産主義」が、ベンサムの「最大多数の最大幸福」の原理と無縁だという事にはならない。またボットモアも、既にみたように、ベンサム主義を継承した英国の急進的伝統とは無縁ではあり得ない。「スペンサーは死んだ」が、功利主義は残ったのである。

ボットモアも「20世紀の諸事件を説明しうる一つの社会理論としてのマルクス主義を再編成するには至っていない」(Bottomore, 1966) ただ「自身を完成された社会理論の持ち味と考える(かどうか)という点で，マルクスはマルクス主義者でなかった」(ibid.) と同様，偏狭な「主義者」ではないことは，社会学思想の発展に対するトックビルらの「保守的思想家」の貢献をも認めている (Bottomore, 1971) のことからも裏付けられると思う。

『社会学・倫理・神秘』をテーマとしたハロッド卿の講演の再録 (Harrod, 1971) を『社会科学とは何か』を改題して訳出した清水幾太郎氏は，巻末の「訳者の言葉」で，教師の意図がどんなに立派でも，大学や大学院で社会学を教えるべきではないと説くハロッド卿の主張について，次のような感想を記している (岩波新書, 1975)。

「第二次大戦後の日本では，アメリカの流儀を真似て，すべての大学や短大で社会学の講義が行われているが，そういう日本の現状から見ると，これも奇妙に思われるであろう。しかし，ことによると，日本の現状の方が奇妙なのかも知れない。敗戦までは，日本全国で社会学の講義が数えるほどしかなかったのに，一夜にして天下を取ったのか，日本中で社会学の講義が行われるようになった。何の苦悩も煩悶もなかった。……」こうして「天下を取った」社会学者の態度は，戦前も大して戦後と変っていなかったようである。清水氏の『社会学入門』(潮文庫版, 1970) に活写されている，1930年前後の日本社会学会の例会の模様を見てみよう (同書 pp.79-82)。

((日本社会学会の事業の第一は，何と言っても，機関誌の発行で，初めは月刊の『社会学雑誌』が出ており，その後は『季刊・社会学』，さらに『年報・社会学』と変わり，第二次世界大戦後は一年四回刊行の『社会学評論』が出ている。『季刊・社会学』の編集には私も少し関係したことがある。第二は，研究会の開催で，一時はかなり頻繁に開かれていた例会と，盛大な年次大会とがある。……初めの頃は，映画館の暗闇に入った時と同じく，周囲の空気が呑み込めず，ただ無闇に緊張していたけれども，次第に様子が判って来るに従って，どうも，

例会がお義理で開かれているように思われ，だんだん退屈になって来た。記憶を探ってみると，どの例会も一様に退屈で灰色のものであったように思われる。一回毎に報告者も違い，テーマも違っているのに，一回一回の個性が退屈な灰色という共通性の中に消えてしまっている。

　だが，この共通性に溶解するのを拒絶する例会が一つだけある。年代はよく覚えていないが，一九二八年から一九三一年までの間，要するに，私が大学生であった時期だと思う。その頃は，退屈な灰色に気がつきながら，辛抱して出席していたようである。報告者は，いつもは概して若手の研究者であるのに，その晩は，珍しく遠藤隆吉博士であった。博士と加藤光治先生〔中学時代の担任〕との関係が私を社会学へ引き入れた次第は，前に少し触れておいた。博士は一八七四年の生まれであるから，この例会の頃は五十五，六歳。まだ老年というわけではないが，しかし，すでに社会学の現役ではなかったし，どちらかと言うと，世捨人のような様子で，ご自分でもそれを意識しておられたように見えた。その晩のテーマも今は忘れてしまったが，形式的には「研究報告」ということになっていたものの，博士の話はザックバランな感想のようなもので，こちらがノートを開いても，筆記するような筋道のあるものではなかった。そのうち，報告が終って雑談ということになった。雑談の途中で，博士は，誰に言うともなく，ひとりごとのような調子でこう言った。「昔の総合的歴史哲学的社会学というやつ，あれはあれで，なかなか良いものだと思うな。」この言葉が博士の口から出た途端に，出席者は，みな腹を抱えて笑った。私が出席した沢山の例会のうちで，あんなに笑った例会は，ほかにはなかった。私も小さく曖昧に笑った。博士自身も，仕方なさそうに，自ら笑いの仲間に入った。そして，例会は間もなく散会した。

　………今日の日本の社会学はアメリカ社会学の圧倒的な影響の下に立っているが，当時はドイツ社会学の出店のようなもので，総合的歴史哲学的社会学という古い形態への非難や軽蔑は，ドイツ本国よりも誇張された姿で，日本の社会学研究者の常識になっていた。それゆえに，博士のひとりごとは，一も二も

なく、非常識ということになったのである。皆は大笑いしたけれども、愉快に笑ったわけではない。その笑いには、すでに社会学の現役でない世捨人のような博士の非常識に対する嘲笑が含まれていた。けれども、誰かが博士に向って、「なぜ、なかなか良いもの、と先生はおっしゃるのでしょうか。」と丁寧に質問すべきなのであった。もし、そういう真面目な質問が誰かの口から出て、博士がこれに同じく真面目に答えたなら、あの夜、日本の社会学は小さくない前進を遂げたのだと思う。博士が頑固な論争家ではないにしろ、幾つかの理由を挙げて、総合的歴史哲学的社会学の擁護を試みたとしたら、大笑いした人々のうちの一人として、博士を完全に説得することは出来なかったであろう。結局、大笑いした人々は、「ドイツのA教授はこう言っているではありませんか……」、「ドイツのB氏の意見では……」という程度の、つまりは、他人の褌で角力を取るような発言しか出来なかったであろうから。))

しかし戦前の社会学が、清水氏の印象通り、不毛に近かったということはできまい。家族社会学や農村社会学の分野では、すぐれた実証研究が積み重ねられていた。ただこれらの優れた研究は、いわば国内消費型で、戦後の海外の日本研究者の目にとまる以外は、海外に発信されることもなく、国際的な社会学の場では、いわば周辺化されてしまったのである。

今後日本では、英文で論文を執筆できる人材を育成できるよう、大学院教育の改革が必要となるであろう。修士論文や博士論文を、日本語で書いたもの以外は受理しないのでは、国際的水準から遅れるばかりである（梶谷、2003）。

参考文献

Birnbaum, N. (1975);"An End to Sociology?," in *The Crisis and Contention in Sociology*, ed. by Tom Bottomore, Sage Publications, p.307.

Bottomore, T. (1956);"Some Reflections on the Sociology of Knowledge," *B. J. S.,* Vol. 7.

＊Bottomore T. (1966);"Karl Marx: Sociologist or Marxist?," *Science and Society,* Winter 1966.

＊Bottomore, T. (1967);"Cohesion and Division in Indian Elites," in *India and Ceylon : Unity and Diversity,* ed. by Rhilip Mason.

*Bottomore, T. (1971) ; "The Crisis in Sociology," *New York Review of Books,* Vol. XVI, No. 4 (11 March 1971).

Bottomore, T. (1972) ; "Intoroduction" to (Varieties of Political Expressions in Sociology) *A. J. S.* Vol. 78, No. 1.

Bottomore, T. (1975) ; "Preface" to *The Crisis and Contention in Sociology,* Sage Publications.

Halsey, A. & Trow, M. (1971) ; *The British Academics,* Faber & Faber.

Harrod, Sir R. (1971) ; *Sociology, Morals and Mystery,* Macmillan, p. 115.

Kajitani, M. (1974) ; "The Acceptance of Western Sociological Theories in Japan" presented to the session in the History of Sociology, the 8th World Congress of Sociology.

梶谷素久（2003）；「国際化と社会学教育」髙島昌二編『福祉と政治の社会学的分析』ミネルヴァ書房，pp.281-3（本章に補論として再録）

Lipset, S. & Ladd, Jr. (1972) ; "The Politics of American Sociologists," *A. J. S.* Vol. 78, No. 1.

Naqui, S. (1975) ; "Mrs. Gandhi---," *The Sunday Times,* July 13, 1975. p. 13.

Nisbet, R. (1966) ; *The Sociological Tradition,* Basic Books.

Parsons, T. (1973) ; *The Structure of Social Action,* McGraw-Hill, esp. Chap. III.

Peel, J. (1971) ; *Herbert Spencer: the evolution of a sociologist,* Heinemann, p. 227.

Stephen, Sir J. (1873) ; *Liberty, Equality, Fraternity,* (Cambridge), p. 72.

鈴木　広（1970）；「日本社会学の問題状況」鈴木　広『都市的世界』誠信書房，所収

鈴木　広（1973）；「日本社会学の思想的動向」新明正道編『社会学思想』学文社

安田三郎（1974）；『原典による社会学の歩み』（総説），講談社。

*印は *Sociology as Social Criticism* 所収の論文

補論　国際化と社会学教育

日本の国公私立の文系学部の学位では、英語圏の名門大学では相手にされないともなれば、能力のある学生は日本の大学を見限るだろうし、訴訟社会化で大学への訴訟も増加するであろう。一見無関係に思える法科大学院問題だが、アメリカでは一九七〇年代から八〇年代に弁護士の過剰供給が起り、過当競争で何でも訴訟にする、弁護士の品性や倫理の低下が生じた。

英語による教育のグローバル化が最も難しいのは法学部である。中央大学、法政大学、明治大学などの旧法律学校は、「司法制度改革」に追随して、受験予備校的性格を強める一方で、従来の法学研究科によるアカデミックな研究も、規模を縮小しても維持するであろうし、戦後に設立された法学部の一部もこれに追随するであろう。

同じく一九六〇年代以降に設立されていく社会学部で、関西のいわゆる関・関・立命などは、専任教員一人当たり学生五〇名程度のマス・プロ率だけは法学部並みという状態である。そうでないと法・経諸学部との「負担の公平性」が保てないというわけである。（中略）法学部のように学生が多すぎて対象とする条文や判例が日本語であるために教育のグローバル化に限界が生ずるわけではなく、日本人だけでは一学科すら成り立たないからである（注）。つまり学問の対象を一々日本語に直させるほど非生産的なことはない。国際語に規定されての限界ではなく、人的・経営的要因に規定されての限界なのである。論文のテーマによっては、なぜ日本人の学生にも、テーマによっては国際語での論文の執筆を認めないのであろうか。理由は右に記した通りであるが、留学生には日本語で書かせ、日本人には国際語で書かせないのは不公正というものである。

（注）　上野千鶴子「グローバリゼーションと日本の社会学」『社会学評論』第五三巻第二号、二〇〇二年、一一七～一二四

ページ。日本社会学会の「主催者側六名を除く参加者は約二〇名」だったようだが（一二一ページ）私が会議を総括する全体会のパネリストとして参加した、一九八二年の第十回大会（於メキシコシティ）でも (10th World Congress of Sociology Official Program, ISA＝UNAM, 1982, p.179)、日本社会学会関係の部会の出席者も、私が顔を出した時は約二〇名であった。日本社会学会の国際的プレゼンスは、その後二〇年を経ても同様ということであろう。

ほかに一九八〇年からは、ボストンで発刊された Journal of the History of Sociology 誌のレフェリーを、同誌が History of Sociology と改称された後もつとめた（後者には富永健一氏も参与された）が、二人の編集者の内 Alan Sica 氏の独断専行が目立ち、いま一人の故人となった Gerd Schleter 氏と私が強く抗議したこともある。同誌は廃刊となって、ISAの社会学史RCの設立に尽力した親友S・ルークスも、私も学史学会に興味を失った。

(梶谷、二〇〇三)

付　論　社会学の理論と実践
——第10回世界社会学会議の総括報告——

　今回の在外研究の主たる目的は，8月16日からメキシコ市で開催された，国際社会学会の会議＝第10回世界社会学会議（World Congress of Sociology）における最終の全体会議（Plenary Session 4）で，総括報告者の一人として，会議の成果について報告を行うことであった。

The Present Status of Sociological Theory
and Social Practice : a Summing-up for the Congress
Plenary Session Four, 20 August 1982
Motohisa Kajitani, Japan.

　It would be a difficult task to sum up the present status of social practice, especially for the panelists such as me who has been foreign to the works of practitioners. So I would like to take 'social practice' in a wider sense, not only for the social practitioners in general, but for the students of sociology.

　Professor Touraine here divided roughly the sociological analyses at this Congress between Sociology of Modernization, conducted by the apostles of so-called 'Sunshine Sociologists', and Sociology of Imperialism or Sociology of Dependency.

　This reminds me of the nineteenth century scene. 'Sociology of Modernization' can also be said as a revival of English Utilitarianism, whose estimate of the Dependencies (especially India) was a 'hideous state of society', which would (and should) 'be regenerated' by the West (according also as Marx). Thus Sociology of Dependency in the last century would be identified as the Sociology of Modernization, quite contrary to the present dichotomy. Sociology of Dependency or Imperialism, however, coupled with theories of Modernization might have been transformed initially by Henry Maine in the later nineteenth century, whose main concern was to take preventive measures against the dissolution of native societies. About 'the dissolution of society', Maine's apostles were mainly concerned about 'the Peripheral', while Tonnies, Durkheim, etc., for 'the Centre'. Anyway, the polarization of sociological analyses is now before us.

In setting an agenda for this Congress, the Presidential Address referred to the crises of pressing Global Problems. The problems, however, would be: <u>where</u> the crisis occurs, and, how the crisis occurs.

I attended some Sympodia and Research Committees' Sessions, which seemed to me to have some relevance to the Global Crisis, up to the last Sympodium on 'War and Peace' chaired by the president this morning, where the importance of Peace study, including the considerations of subjective and irrational factors was also stressed, in the context of Peace Movements and of the manipulation of the mass media.

Here I should like to propose, in the context of War and Peace research, to investigate a sort of <u>rules of the game</u> peculiar to areas, civilizations, etc., in examining Global Problems at every level, that is, from interpersonal level to the Global level, from micro-level to macro-level.

Let me take an example on the macro-level, around the end of the last century, when Imperialism was at its height. In the Far East, China was still one of the Powers. You are, I presume, well aquainted with Pax Romana or Pax Britanica. On the other hand, the phrase Pax Sina was never coined from the Euro-centric view of the world, but Pax Sina (China) lasted much longer than Pax Romana, to say nothing of Pax Britanica.

About the naval military balance, however, Pax Sina changed into parity with Japan, two years before the outbreak of the Sino-Japanese War. The rule of the games in the Far East changed accordingly. The decline and fall of Pax Sina in relation to Japan will illuminate the problems of contemporary military balance to some extent.

For a sociology of War and Peace it seems to me that whether it is a Marxist theory or not may be a question of no serious choice. The only important thing would be whether and how deep, an adequate account of phenomena as well as any explanatory propositions, has been given, consistent with other, more general theories of society.

Now I should go back to the problem of *theory and practice*. If sociologists presume to say that sociological theory will play a part of *strategy* in relation to *tactics* to be adopted by social practitioners, some concensus among sociologists would be necessary concerning the nature and logic of sociological theory. However, my impression about this Congress, as a researcher engaged in historical studies, is that the state has been far from concensus or rapprochement. This could be probably because I might have missed some significant papers towards that direction, though I presume to say to have found some possibilities in the future, even if very small for the first instance, in the meetings of Sympodium 7 : Revisions and Relations among Modern Macrosociological Paradigms, attended also by Professor Helle, organizer of Sympodium 8, Microsociological Paradigms. The paper presented to the former by Jeffrey Alexander seemed to me to try to synthesize the approaches within both (macro- and micro) sets of paradigms : in this case, to synthesize Phenomenology and Interactionism with the broader theoretical framework of functionalism, probably as a path of his theoretical crusade.

Finally, however, the validity of sociological theory tends to be derived from, and is appropriately applied to, the forms of particular societies, and the comparative concepts of it will be necessary for explanation. If theological or self-styled social theory does not come across any contemporary societies unknown to us, history can serve to create them. This creation may also help us to discover the proper relationships between theory and practice.

「理論と実践」というテーマは，あらゆる社会科学，特に社会学には基本的に重要な課題であって，こうしたテーマについて総括的報告を行うにふさわしい学者は，少なくとも基礎学についての実績が国際的に評価されていることが必要である。日本の場合，狭い専門分野については，国際的水準を上回る実績をあげている学者は珍しくなくなっているが，基礎理論・学史といった基礎学については，戦前の米田庄太郎・高田保馬両教授位のものである。戦後の基礎学は，その多くが欧米の基礎理論・学史の紹介や註解に忙殺されているという状態であって，この種の研究で国際的水準での「商品価値」を享有することは難しいからでもある。その上に伝統的な漢学の「論語読み」的な研究法が根強く残っており，アメリカの社会学教育に見られるような「方法論」の重視されるカリキュラムはほとんど実施されていない。「理論と実践」といえば，まずマックス・ウェーバーが問題にされるのが普通であるが，日本では「ウェーバー読み」の学者は沢山いるものの，単なる文献学や註解の段階に止まっている社会学者が多い。これでは会議のテーマ「社会学理論と社会的実践の現況」を総括することなど無理な話であろう。

社会学年表
1851〜1998

社会学年表　*133*

年	事　項
1851(嘉永4)	H. Spencer, *Social Statics.* A. Comte, *Systême du politique posiitve ou traité de sociologie insittuant la reltgion de l'humanitê.* W.H. Riehl, *Die bügerliche Gesellschaft.*
1852(嘉永5)	A. Comte, *Catêchisme positiviste.* L.v. Stein, *System der Staatswissenschaft*, 2 Bd.,～56.(Bd. I. *System der Statistik, der Populationistik und Volkswirtschaftslehre.*)
1854(安政元)	W.H. Riehl, *Die Naturgeschichte des Volkes als Grundlage einer deutschen Sozialpolitik*, 1 Bd. 刊行.
1855(安政2)	L.v. Stein, ウィーン大学教授. A. Comte, *L'appel aux vrais conservateurs.* R.v. Mohl, *Die Geschichte und Literatur der Staatswissenschaft*, 3 Bde. ～58. W.H. Riehl, *Die Familie.* L.v. Stein, *Die industrielle Gesellschaft.* H. Spencer, *Principles of Psychology.*
1856(安政3)	A. Comte, *Synthèse subjective*, tome 1. L.v. Stein, *System der Staatswissenschaft*, (Bd. II, *Gesellschaftslehre.*)
1857(安政4)	R.v. Mohl 没, 1799～. H. Spencer *Essays*, vol. I., (vol. II., 63. vol., III. 73) R. Owen, *The Life of Robert Owen.*
1858(安政5)	R. Owen 没, 1771～. L.v. Stein, *Lehrbuch der Volkswirtschaft.* H. Spencer, *Essays Scientific, Political and Speculative.*
1859(安政6)	E. Littré, *Paroles de philosophie positive.* K. Marx, *Kritik der politischen Okonomie.* R.v. Mohl, *Enzyklopädie der Staatswissenschaften.* H.v. Treitschke, *Gesellschaftswissenschaft.* Ch. Darwin, *On the Origin of Species by Means of Natural Selection.*
1860(万延元)	H. Spencer, "綜合哲学体系" *A System of Synthetic Philosophy* の構想を発表. (以下, 和書の場合『　』を省略)

	H. Spencer, The Social Organism, (*Westminster Review* 誌 1月号). *Zeitschrift für Völkerpsychologie u. Sprachwissenschaft* 誌創刊.
1861(文久元)	F.K.v. Savigny 没, 1779〜. H.J.S. Maine, *Ancient Law*.
1862(文久2)	H. Spencer, *First Principles*. (*A System of Synthetic Philosophy* の第一巻).
1863(文久3)	E. Littré, *Auguste Comte et la philosophie positive*. J.S. Mill., *Utilitarianism*.
1865(慶応元)	J.S. Mill, *Auguste Comte and Positivism*. E.B. Tylor, *Early History of Mankind ond Civilization*.
1866(慶応2)	E. Littré, *Auguste Comte et Stuart Mill*. 西 周, 百一新論. 福沢諭吉, 西洋事情.
1867(慶応3)	A. Schäffle, *Gesellschaftlickes System der menschlichen Wirtschaft*. K. Marx, *Das Kapital*, Bd. Ⅰ, (Bd. Ⅱ, 1985. Bd. Ⅲ, 1894).
1868(明治元)	L. Stein, オーストリア貴族に列せられ von Stein と名乗る. O. Gierke, *Das deutsche Genossenschaftsrecht*, Bd. Ⅰ, Bd. Ⅱ, 73, (Bd. Ⅲ, 81.)
1869(明治2)	F. Galton, *Hereditary Genius*.
1870(明治3)	A. Schäffle, *Kapitalismus und Sozialismus*.
1871(明治4)	L.H. Morgan, *System of Consanguinity and Affinity of the Human Family*. F.B. Tylor, *Primittive Culture*.
1872(明治5)	W. Bagehot, *Physics and Politics*. Y.N. Sergi, *Socialogical Etudes*, 2 vols.
1873(明治6)	Littré *La Science au Point de vue Philosophique*. P.v. Lilienfeld, *Gedanken über die Sozialwissenschaft der Zukunft*, 5 Bde〜81.

	H. Spencer, *The Study of Sociology*.
1874(明治7)	H. Spencer, *Descriptive Sociology*.
1875(明治8)	Ludwig Gumplowicz, グラーツ大学において教職につく. L. Gumplowicz, *Rasse und Staat*. A Schäffle, *Die Quiutessenz der Sozialismus*. A. Schäffle, *Bau und Leben des sozialen Korpers*.
1876(明治9)	E. Littré, *Frogments de philosophie positive et de socilogie contemporaine*. H. Spencer, *Principles of Sociology*. vol. 1. ～1896. 　米・エール大学にてアメリカ最初の社会学講座開設, Sumner 就任.
1877(明治10)	W. Bagehot 没, 1826～. A. Espinas, *Des Société animales*. L. Gumplowicz, *Philosophisches Staatsrecht*. L.H. Morgan, *Ancient Society*. *Vierteljahrschrift für Wissenschaftliches Philosophie* 誌創刊さる. 　この頃　西周「政略論」
1878(明治11)	東京帝国大学にて E.F. Fenollosa によりスペンサーの社会学が紹介される.
1879(明治12)	L.v. Stein, *Wesen und Aufgabe der Staatswissensschaft, in Almanach der Kaiserl*. H. Spencer, *Principles of Socilogy*. (vol. II., part IV.) H. Spencer, *Principles of Ethics*. (vol. I., part I.)
1880(明治13)	M.P.E. Littré 没, 1801～. G. Tarde *Revue Philosophique* 誌によりロムブローゾの犯罪の生物学的解釈を攻撃 　A. Fouillée, *La science socience sociale contemporaine*. Letouneau, *La sociologie d'apres l'etnographie*.
1881(明治14)	Roberty, *La sociologie*. E.B. Tylor, *Anthropology*. 　東京帝大で社会学正課となる. 世態学の名で Fenollosa 担当.
1882(明治15)	P.G.F. Le Play 没, 1809～. C.R. Darwin 没, 1809～. H. Spencer, *Principles of Sociology*. (vol. II., part V.)

1883(明治16)	K.J. Kautsky 社会民主党の機関誌として"ノイエ・ツァイト"(*Neue Zait*)を創刊す。 K. Marx ロンドンに没，1818〜. A. Fouillée, *Critique des systême morale contemporaine.* L. Gumplowicz, *Der Rassenkampf.* F. Engels, *Die Entwicklung des Sozialismus von der Utopie zur Wissenschaft.* W. Sumner, *What Social Classes Owe Each Other?* L. Ward, *Dynamic Sociology*, 2 vols. 有賀長雄，社会学，巻之一　社会進化論，巻之二宗教進化論．
1884(明治17)	A. Fouillée, *La propriete social.* F. Engels, *Der Ursprung der Familie, des Privatcigentums und des Staates.* H. Spencer, *The Man versus the State.* E. Ferri, *La Sociologia criminale.* 有賀長雄，社会学，巻之三　族制進化論．
1885(明治18)	É. Durkheim, ドイツに留学し哲学・社会学を学ぶ，〜86． L. Gumplowicz, *Grundriß der Soziologi.* W.H Riehl, *Die Familie.* H. Spencer, *Principles of Sociology.* (vol. III., part VI.) W. Sumner *Problem in Political Economy.*
1886(明治19)	G. Tarde, *La criminalitê comparêe.* *Archivesd' anthropologie criminelle* 誌創刊さる，（タルド，カラサニュ）
1887(明治20)	F. Tönnies, *Gemeinschaft und Gesellschaft.*
1888(明治21)	Henry Maine 没，1822〜. A.W. Small, ジョン・ポプキンス大学の教授に就任． F.H. Giddings, 初めて政治学を担当． Ch. Letourneau, *L'evolution du mariage et de la famille.* L. Vanni, *Prime linee di un programma criticopisociologia.*
1889(明治22)	C. Bouglé, *Las idess ègalitaire, ètude sociologique.* 民谷吉次郎，社会学 有賀長雄，須多因氏講義筆記 L.v. Stein 没，〜1815〜.
1890(明治23)	A. Fouillée, *L'Évolution des idês-forces. G. Tarde, Les lois de l'imitation.* G. Tarde, *La philosophie pênale.*

	G.L. Duprat, *Les causes sociales de la folie.* G.L. Duprat, *Science sociale et democratie.* MacKeuzie, *An Introduciton to Social Philosophy.* 有賀長雄，増補族制進化論． 辰己小次郎，社会学．
1891(明治24)	L. Gumplowiz, *Soziologie und Politik.* E.A. Westermark, *The History of Human Marriage.* H. Spencer, *Principles of Ethics.* (vol. II, part IV). 加藤弘之，社会学一．
1892(明治25)	M. Weber, ベルリン大学私講師となり，ローマ法その他を講ず． A.M. Small, シカゴ大学の創設に当り社会学部長となる． G. Tarde, *Etudes pénales et sociales.* L. Gumplowicz, *Die soziologische Staatsidee.* G. Simmel, *Einleitung in die Moralwissenschaft*, Bde2, 〜93. H. Spencer, *Principles of Ethics.* (vol. I, part II, III). *Revue Inernationale de Sociologie* 誌，R. ウォルムスにより創刊さる．
1893(明治26)	L. Gumplowicz, グラーツ大学の教授に就任． É. Durkheim, *Dela division du travail socialce.* A. Fouillée, *La psychologie des ideés-forces.* J. Novicov, *Luttes entre societés humaines.* H. Spencer, *Principles of Ethics.* (vol II. part V VI.). L. Ward, *Psychic Factors of Civilization.* M. Vaccaro, *Le basi del diritto e dello stato.* 国際社会学協会（L'Institute International de Sociologie）ウォルムス（R. Worms）によって創設さる．
1894(明治27)	F.H. Giddings, コロンビア大学で開設された社会学講座の教授に就任． G. Tarde, *La logique sociale.* Small & Vincent, *An Introduction to the Study of Society.* G.Y. Plechanov, *Anarchismus und Sozialismus.* *Annales de l'Institut International de Soeiologie* 創刊．(Worms).
1895(明治28)	F. Engels 没，1820〜． G. Tarde, *Essai et mélanges sociologiques.* G. Tarde *Les transformation du droit.* É. Durkheim, *Les régles de la méthode sociologique.* G. Le Bon, *Psychologie des foules.* De Greef, *Le transformisme sociale.* L. Gumplowicz, *Grundriß der Soziologie.*

	パリ社会学会 (Société de Sociologie de Paris), ウォルムスにより創設. *American Journal of Sociology*, スモールの主宰のもとに創刊さる.
1896(明治29)	R. Worms, *Organisme et socitêtê*. de de Lapouge, *Sélections sociales*. C. Bouglé, *Les sciences sociales en Allmagne*. A. Fouillée, *Le mouvement positiviste et la conception socioloque du monde*. F. Tönnies, *Thomas Hobbes, Leben und Lehre*. A. Vierkandt, *Naturvölker und Kulturövlker*. P.v. Lilienfeld, *La pathologie sociale*. H. Specenr, *Principles of Sociology*. (vol. Ⅲ, part Ⅶ Ⅷ.) F.H. Giddings, *The Principles of Sociology*. G.V. Plechauov, *Beiträge zur Geschichte des Materialismus*.
1897(明治30)	M. Weber, クニースの後任としてハイデルベルク大学教授に就任. W.H. Riehl 没, 1823〜. 西周没, 1829〜. A. Espinas, *Les origines de latechnologie*. G. Tarde, *L'oppositian universelle*. E. Durkheim, *Le suicide, etude sociologique*. J. Novicov, *Conscience et volontê sociales*. P. Barth, *Die Philosophie der Geschichte als Soziologie*. I. F.H. Giddings, *The Theory of Socialization*. S. Sighele, *La delinquenza settarialoppuni di sociologia*.
1898(明治31)	建部遯吾, 東京帝大文学部の教授に就任し, 社会学の講座を担当す. G. Tarde, *Etudes de psychologie sociales*. G. Tarde *Les lois sociales*. Le Bon, *Psychologie du socialisme*. P.v. Lilienfels, *Zur Verteidigung der organischen Methode in der Sozilogie*. G. Ratzenhofer, *Die soziologische Erkenntnis*. L. Ward, *Outlines of Sociology*. 岸本能武太, 社会学. 『社会学年報』(L' Année Snciologique) 第一巻, E. Durkheim によって創刊さる. 〜1913.
1899(明治32)	C. Bouglé, *Idée égalitaire, Étude sociologque*. A. Coste, *Les principle sociale du* X Ⅶ *siécte et la révolntion*. L. Lévy-Bruhl, *Letters inéditers de John Stuart Mill à A. Comte*. B.A. Th. Kistiakowski, *Gesellschaft und Einzelwesen*. T.B. Veblen, *The Theory of the Leisure Class*.

	横山源之助, 日本之下層社会；窪田静太郎, 社会制度一班. 東京帝国大学有志の社会学研究会より. 雑誌『社会』創刊さる. 後に『社会学雑誌』と改称. 〜明治37年.
1900(明治33)	L. Ward, 国際社会学研究所(Institut International de Sociologie)の所長就任. 外山正一没, 1848〜. Lévy-Burhl, *La dhilosophiosophie d' Augnste Comte.* G. Simmel, *Philosophie des Geldes.*
1901(明治34)	G. Tarde, *L'opinion et la foule.* L. Hobbouse, *Mind in Evolution.* F. Giddings, *Inductive Sociology.* E. Ross, *Social Control.* 遠藤隆吉, 現今之社会学；同社会学；浮田和民；社会学講義；建部遯吾, 社会学；久松義典, 社会研究新論.
1902(明治35)	G. Tarde, *Essais et mélanges sociologiques.* G. Tarde, *Psychologie ecomomibue.* 2 vols. L. Bourgeois, *Essais d'une philosophie de la solidaité.* M. Defourny, *La sociologie positivite : Auguste Comte.* L. Gumplowicz, *Soziologische Staatsidee.* 2 Aufl. K.J. Kauts, y *Die soziale Revolution.* W. Sombart, *Der moderne Kapitalismus,* 2 Bde. H. Spencer, *Facts and Comments.* B. Kidd, *Principles of Western Civilization.* J.M. Baldwin, *Development and Evolution.* C.H. Cooley, *Human Nature and the Social Oder.* V. Pareto, *Les sytêmes socialistes,* 〜03. 久松義典, 社会学講義；山口堪太, 社会学；十時弥, 社会学提要.
1903(明治36)	P.v. Lilienfeld 没, 1829〜. A.E.F. Schäffle 没, 1831〜. H Spencer 没, 1820〜. Lévy-Bruhl, *La morale et science des moeuro.* R. Worms, *La philosophie des science socials ;* tome Ⅱ. F. Oppenheimer, *Das Grundgesetz der marxischen Gesellschaftslehre.* J. Stuckenberg, *Sociology,* 2 vols. L. Ward, *Pure Socialogy,* S. Sighels, *L'intelligenza della folla.* 建部遯吾, 社会学講義；同, 社会学理；辰己小次郎, 社会学；久松義典, 社会学と哲学；同, 社会学と事業. イギリス社会学会創設され第一回大会開く. 会長に J. ブライス就任.

1904(明治37)	G. Tarde 没, 1843~. G. Ratzenhofer 没, 1842~. R. Worms, *La philosophie des science sociale*. Tome Ⅱ. O. Spann, *Stiefvaterfamilie*. L.T. Hobhouse, *Democracy and Reaction*. H. Spencer *Autobiography*. また *Principles*（Ⅰ）に増補と新索引とを付加す. L. F. Ward. *Text-Book of Socioiogy* (with J. Q. Dealey) 　M. Weber, W. Sombart によって *Archiv für Sozialwissenschaft u Sozialpolitik* 誌の編集，継続さる．(ff).
1905(明治38)	A. Fouillée, *Elements sociologibue de la morale*. G. Tarde, *Fragments d'histoire future*. H. Scherrer, *Soziologie und Entwicklungsgeschichte der Menschheit*. L. Stein, *Der soziale Opimismus*. E.A. Ross, *Foundation of Sociology*. A.W. Small, *General Sociology*. F. Cosentini, *La sociologie génétique*. 建部遯吾，理論普通社会学・第一巻社会学序説 　アメリカ社会学会（American Sociological Association), A. W. スモールによって創設さる.
1906(明治39)	É. Waxweiler, *Esquise d'une sociologie*. K. Kautsky, *Die Ethik und materialistische Geschichtsauffasung*. A. Schäffle, *Abriß der Soziologie*. F. Tönnies, *Philosophische Terminologie*. L.v. Wiese, *Zur Grundlegung der Gesellschafslehre*. F H. Giddings, *Readings in Descriptive and Historical Sociology*. L.F. Ward, *Applied Sociology*. L. Vanni, *Saggi di filosofia sociale e giurdica*. 建部遯吾，理論普通社会学・第二巻社会理学；同，戦争論
1907(明治40)	C. Bouglé, *Quest ce que la sociologie?* G.L. Duprat, *La solidarité sociaileé ; ses causes, son évalution ses conséquence*. De Greef, *La structure générale des societé*, 3 vols. (~8). R. Worms, *Conclusion des science sociales*. Müller-Lyer, *Phasen der Kultur und Richtungslinien des Fortschritts*. F. Oppenheimer, *Der Staat*. G. Ratzenhofer, *Soziologie*. O. Spann, *Wirtschaft und Gesellschaft*.

	F. Tönnies, *Das Wesen der Soziologie.* (*Archiv für Rechtsu. Wirtschafts-philosophie.*) F. Tönnies, *Die Entwicklung des sozialen Frage.* E.A. Ross, *Sin and Society.* A.W. Small, *Adam Smith and Modern Sociology.* W.G. Sumner, *Folkways.* 遠藤隆吉, 近世社会学. 日本にて社会政策学会成立す.
1908(明治41)	É. Durkheim, 『社会学年報叢書』(*Travaux de l'année sociologique*) を刊行し機関誌とする. A. Weber, ハイデルベルグ大学教授に就任. C. Bouglé, *Essai sur le régime des caste.* A. Fouillée, *Morale des idyes-forces.* G. Ratzenhofer, *Soziologie.* G. Simmel, *Soziologie : Untersuchungen über die Formen der Vargesellschafung.* A. Vierkandt, *Die Stetigkeit im Kuiturwandel.* W. McDougall, *An Introduction to Social Psychology.* A. Groppali, *Sociologia e filosofia del diritto.* G. Sorel, *Réflection sur la vilolence.* N. Lenin, *Materialismus und Empirio-Kritizismus.* G.V. Plechanov, *Gruudprobleme des Marxismus.* 樋口秀雄, 社会心理の研究. イギリス社会学会より『社会学評論』(*Sociogical Review*) 創刊さる.
1909(明治42)	L. Gumplowicz 没, 1838～. V.d. Lapouge, *Race et milieu social essai d'anthroposociologe.* F. Tönnies, *Die Sitte.* C.H. Cooley, *Social Organization.* M.M. Davis, *Psycholngical Interpretation of Society.* A. Groppail, *La sociologia.* 建部遯吾, 理論普通社会学・第三巻　社会静学；小林郁, 社会心理学.
1910(明治43)	W.G. Summner 没, 1840～. Lévy-Bruhl, *Les functions mentales dan les sociétés inférieures.* R. Maunier, *Economie politique et la sociologie.* R. Worms, *Les principes biologiques de l'évolutionsocial.* S. Freud, *Üver Psychoanalye.* L.v. Wiese, *Einfürung in die Sozialpolitik.* J.M. Baldwin, *The Individual and Society.*

	C.A. Ellwood, *Sociology and Modern Social Problem*. F.H. Giddings, *Principle of Sociology : Reading, Introduction and Summary Theory*. Goldenweiser, *Totemism and Exogamy*. A. W. Small, *The Meaning of Social Science*. ウィーンにおける社会政策学会大会で M. Weber 等により価値判断論争行わる.
1911(明治44)	W. Dilthey 没, 1833〜. De Greef, *Introduction à la sociologie*. R. Goldscheid, *Grunblegung der Soziologie*. H. Kantorowicz, *Rechtswissenschaft und Soziologie*. R. Michels, *Zur Soziologie des Parteiwesens in der modernen Demokratie*. G. Simmel, *Philosophische Kultur*. L.T. Hobhouse, *Social Evolution and Political Theory*. W. McDougall, *Body and Mind*. V. Pareto, *Le mythe vertuist et la littàrature immorale*. 樋口秀雄, 社会学小史.
1912(明治45) (大正元)	A. Fouillée 没, 1838〜. G. Le Bon *Les opinnion et les croyances*. É, Durkheim, *Les formes élémentaire de la vie religieuss*. Müller-Lyer, *Die Familie*. W. Sombart, *Luxus und Kapitalismus*. W. Sombart, *Krieg und Kapitalismus*. L.T. Hobhouse, *Liberalism*. C.A. Ellwood, *Sociology in its psychological Aspects*. V. Pareto, *Tratato di sociologia generale*, 2 vols.
1913(大正 2)	L.F. Ward 没, 1841〜. S. Sighele 没, 1868〜. G.L. Duprat, *Le moral psycho-sociologique*. H. Cunow, *Zur Urgeschichte der Ehe und Familie*. M. Scheler, *Der Formalismus in der Ethik und die materiale Ethik*. W. Sombart, *Bourgeois*. O. Spann, *Zer Soziologie und Philosophie des Krieges*. E.S. Bogardus, *Introduction to Sociology*. E.S. Bogardus, *Introduction to the Social Science*. L. Ward, *Glimpse of Cosmos*. 遠藤隆吉, 自殺論;樋口秀雄, 群衆社会学;大道和一, 社会心理学.
1914(大正 3)	M. Adler, *Der Sozialismus und Intellektuellen*.

社会学年表　　143

	O. Spann, *System der Gesellschaftslehre*. G. Wallas, *The great Society : A Psychological Analysis*. J.B Watson, *Behavior : An Introduction to Comparative Psychology*. S. Sighele, *Litteratura e sociologia : soggi postum*. 高田保馬, 社会学綱要；遠藤隆吉, 社会学.
1915(大正4)	W. Jerusalem, *Der Krieg in Lichte der Gesellschaftslehre*. C.A. Ellwood, *Social Problem*. E.C. Hayer, *Introduction to the Study of Sociology*. 遠藤隆吉, 社会学近世の問題；穂積陳重, 隠居論；建部遯吾, 社会学と教育.
1916(大正5)	Emile Waxweiler 没, 1867〜. 加藤弘之没, 1836〜. A. Vierkandt, *Staat und Gesellschaft in der Gegenwart*. A. Vierkandt, *Machtverhältnis und Machtmoral*. N. Lenin, *Der imperialismus als jüngste Etappe des Kapitalismus*. 遠藤隆吉, 社会力.
1917(大正6)	É. Durkheim 没, 1858〜. G. Simmel, *Grundfragen der Soziologie*. G. Simmel, *Der Krieg u. die geistigen Entscheidungen*. O. Spengler, *Untergaug des Abendlandes*. W. McDougall, *Psychology : The Study of Behavior*. H.E. Barnes, *Sociology before Comte*. E.S. Bogardus, *Essentials of Social Psychology*. R. MacIver, *Community : A Sociological Study*. N. Lenin, *Staat und Revolution*.
1918(大正7)	G. Simmel 急逝, 1858〜. F. Tönnies, *Menschheit und Volk*. L.T. Hobhouse, *The Metaphysical Theory of the State*. C.H. Cooley *Social Process*. W.I. Thomas & Znaniecki, *The Polish Peasant in Europe and America*, 5 vols. 高田保馬, 社会学的研究；米田庄太郎, 民族心理学講話.
1919(大正8)	C. Brinkmann, *Versuch einer Gesellschaftswissenschaft*. Th. Litt, *Individuun und Gemeinschaft*. H.J. Laski, *Authority in the Modern State*. R. MacIver, *Laber in the Changing World*. T.B. Veblen, *The Place of Science in Modern Civilization*. 米田庄太郎, 輓近社会思想研究；高田保馬, 社会学原理.

	『ケルン社会四季報』（Kölner Vierteljahrschefte für Soziologie）ヴィーゼにより刊行さる.
1920（大正9）	M. Weber 急逝, 1864〜. W.M. Wundt 没, 1832〜. 有賀長雄没, 1860〜. G.L. Duprat, *La psychologie sociale*. P. Fauconnet, *La responsabilité : Étude de sociologie*. G. v. Below, *Soziologie als LehrJach*. H. Cunow, *Marxsche Geschichts-, Gesellschafts-und Staats' heorie*. H. Freyer, *Das Problem der Utopie*. M. Weber, *Gesammelte Ansätze zur Religionssoziologie*. G.D.H. Cole, *Social Theory*. W. McDougall, *The Group Mind*. E.A. Ross, *The Principles of Sociology*. 小泉信三, 社会問題研究；高田保馬, 現代社会の諸研究. *Joural of Applied Sociology* 誌, ボガーダスによって創刊さる.
1921（大正10）	C. Bouglé, *Lecon de sociologie sur l'évolutiondes voleurs*. R. Worms, *La sociologie : sa nature, son contenu, ses attaches*. H. Freyer, *Die Bewertung der Wirtschaft im philosophische Denken des 19 Jahrhunderts*. S. Freud, *Massenpsychologie und Ichanalyse*. A. Weber, *Prinzipielles zur Kultursoziologie*. (in Archiv für S.S.) M. Weber, *Gesammelte politische Schriften*. L.v. Wiese, *Soziologie des Volksbildungswesens*. H.J. Laski, *Foundations of Sovereignty*. G. Wallas, *The Great Society*. R. MaIver, *Elements of Social Science*. Park & Burgess, *Introduction to the Science of Sociology*. 米田庄太郎, 続社会問題の社会学的考察.
1922（大正11）	P. Barth 没, 1858〜. Duprat, *L'orientation actuelle de la sociologie en France*. É. Durkheim, *Éducation et sociologie*. Lévy-Bruhl, *La mentalite primitive*. S. Kracauer, *Soziologie als Wissenschaft*. F. Oppenheimer, *System der Soziologie*, Bd, Ⅰ. F. Tönnies, *Kritik der öffentlichen Meinung*. E. Troeltsch, *Historismus und seine Probleme*. M. Weber, *Gesammelte Aufsätz zur Wissenschaftslehre*.

社会学年表　　145

	M. Weber, *Wirtschaft und Gesellschaft.* L.T. Hobhouse, *Elements of Social Justice.* J. Dewey, *Human Nature and Conduct.* F.H. Giddings, *Studies in the Theory of Human Society.* W.F. Ogburn, *Social Change.* E.A. Ross, *Social Trend.* K. Young, *Mental Differences in Certain Immigrant Groups.* 高田保馬，社会学概論．；社会と国家．；階級考．；建部遯吾，国家社会観． 『社会力雑誌』(*The Journal of Social Forces*) オーダムの主幹により刊行さる．
1923(大正12)	W. Jerusalem 没，1854〜． V. Pareto 没，1848〜． E. Troelstch 没，1865〜． C. Bouglé, *De la sociologie à l'action sociale.* M. Adler, *Dis Staatsauffassung des Marxismus.* H. Freyer, *Ideen zur Philosophie der Kultur.* F. Oppenheimer, *System der Soziologie,* I Bd. *Allgemeine Soziologie.* M. Scheler, *Wesen und Formen der Sympathie.* W. Sombart, *Soziologie, Quellenhandbücher der Philosophie.* A. Vierkandt, *Gesellschaftslehre.* H.E. Barnes, *Sociology and political Theory.* A.L. Kroeber, *Anthropology.* P. Sorokin, *The Sociology of Revolution.* W.I. Thomas, *Unadjusted Girls.* G. Lukács, *Geshichte und Klassenbewußtsein.* 高田保馬，増訂社会学史研究，；遠藤隆吉，社会学言論．；"社会学年報"(*L' Année Sociologique*) の第二集，M. Mauss によって刊行さる．
1926(昭和元)	R. Worms 没，1869〜 A.W. Small 没，1854〜． C. Bougléet Raffault, *Eléments de sociologie.* Th. Geiger, *Die Masse und ihre Aktion.* K. Japers, *Max Weber : eine Gedankrede.* 2 Aufl. R. Michels, *Soziologie als Geshaftswissenschaft.* G. Salomon, *Individuum und Gesellshaft.* M. Scheler, *Die Wissensformen und die Gesellschaft.* F. Tönnies, *Soziologische Studien und Kritiken* II. Marianne Weber, *Max Weber ; ein Lebensbild.* L.v. Wiese, *Soziologie. Geschichte und Hauptprobleme.* E.S. Bogardus, *The New Social Research.* R. Maclver, *The Modern State.*

	R. Tawney, *Religion and the Rise of Capitalism.* 林恵海，ジンメルの社会学方法論の研究. 高田保馬，社会関係の研究‥戸田貞三，家族の研究.；岩崎卯一，社会学の人と文献.
1927(昭和2)	A. Cuviller, *Manuel de phiosophie*, 3 tomes. (〜31) Lévy-Bruhl, *Lame primitive.* J. Baxa, *Gesellshaftslehre von Platon bis Niestsche.* K. Kautsky, *Die materialistische Geschichtsauffassung*, 2Bde. K. Mannheim, *Das konservative Denken*, (in Archiv für S.u.S.) A. Vierkandt, *Der geistigsittliche Gehalt des neueren Natnrrechts.* A. Weber, *Ideen zur Staats-und Kultursoziologie.* B. Malionwski, *Father in Primitive Psychology.* B. Malinowski, *Sex and Repression in Savage Society.* E.W. Burgess, *The Urban Community.* Davis, Barnes & others, *Introduction to Sociology. Reading in Sociology.* E.R. Mowrer, *Family Disorganization.* Ogburn & Goldenweiser (ed.), *The Social Science and their Interactions.* P.A. Sorokin, *Social Mobility.* W. Sinmer & A. Keller, *The Science of Society.* K. Young, *Source Book for Social Psychology.* 井森陸平，形式社会学研究.；杉森孝次郎，社会学.；高田保馬，人口と貧乏 　Journal of Educational Sociology 誌，E.G. ペインによって創刊. 　中国社会学社，孫文等により創設，「社会学刊」を刊行．32年頃)
1928(昭和3)	M. Scheler, フランクフルト・アム・マイン大学に転ず，開講に至らず急逝　1874〜. É. Durkheim, *Le socialisme.*（遺稿） G.v. Below, *Die Entstehung der Soziologie.* Th. Geiger, *Die Gestalten der Gesellung.* M. Scheler, *Die Stellung des Menschen im Kosmos.* O. Spann, *Gesellschaftsphilosophie.* F.S. Chapin, *Cultural Change.* F. Hankins, *An Introduction to the Study of Sociology.* R. MacIver, *Community, A Sociological Study.* P. Sorokin, *Contemporary Sociological Theories.* W.I. Thomas, *The Child in America.* 加田哲二，近世社会学成立史．社会学概論.；小松堅太郎，社会学概論.；松本潤一郎，現代社会学説研究.；新明正道，形式社会

学論；杉山栄，社会科学概論．；戸田貞三，社会学講義案Ⅰ．；春秋社編，社会学（大思想エンサイクロペディア）Ⅰ．Ⅱ．

1929(昭和4)	L.T. Hobhouse 没，1864〜． C.H. Cooley 没，1864〜． T.B. Veblen 没，1857〜． 　M. Mauss, *Mélanges d'histoire des religions.* 　K. Dunkmann, *Angwandte Soziologie.* 　K. Mannheim, *Ideologie und Utopie.* 　M. Scheler, *Philosophische Weltanschauung.* 　M. Solms, *Bau und Gliederung der Menschengrnppen.* 　L.v. Wiese, *Allgemeine Soziologie, Teil Ⅱ. Gebildenlehre.* 　E.W. Burgess, ed., *Personality and Social Group.* 　G.A. Lundberg, *Social Research.* 　R.S. & H.M. Lynd, *Middletown.* 　Sorokin & Zimmerman, *Principles of Rural-Urban Sociology.* 　今井時郎，社会学大綱．；社会誌学研究法．；井森隆平，農村社会学．；三木清，社会科学の予備概念．；新明正道，独逸社会学．；同，群衆社会学．；，社会学．；関栄吉，文化社会学概論．
1930(昭和5)	P. Lacombe, *De l'histoire consideree comme science.* M. Adler, *Lehrbuch der Materialistischen Geschichichtauf-fassung*, Teil. Ⅰ. H. Freyer, *Soziologie als Wirklichkeitswissenchaft.* F. Jerusalem, *Grundzüge der Soziologie.* W. Sombart, *Nationalüekonomi und Soziologie.* Hobhouse, Wheeler & Ginsberg, *Material Culture and Social Institution of Simpler Peoples.* C.H. Cooley, *Sociological Theory and Social Research.* Sorokin & others, ed., *Systematic Sourcebook in Rural Sociology.* K. Young, *Social Psychology.* 林恵海，人口論，研究と方法． *Journal of Social Psychology* 誌創刊． 　*Encyclopaedia of the Social Science* (Vols, 15) セリグマンの編集により刊行，国際社会学会連盟 Fédération International du Sociétés et Instituts de Sociologie 創立さる．
1931(昭和6)	G.Le. Bon 没，1841〜． F.H. Giddings 没，1855〜． G.H. Mead 没，1863〜． 　G. Davy, *Sociologues d hier et d'aujour d'hui.* 　L. Lévy-Bruhl, *Le surnaturel et la nature dans la mentalite primitive.* 　J. Baxa, *Einführung in die romantishe Staatswissenschaft.*

H. Freyer, *Einleitung in die Soziologie*.
F. Tönnies, *Einführung in die Soziologie*.
R. Thurnwald, *Die menschliche Gesellschaft in ihren ethnosoziologischen Grundlagen*, 5 Bde. (〜35).
E.S. Bogardus, *Contemporary Sociology*.
R. MacIver, *Relation of Sociology to Social Work*.
K. Young & others, *Social Attitude*.
加田哲二，近世唯物的社会観の発展.；社会学研究編，イデオロギー論.；田辺寿利，フランス社会学史研究.
Handwörterbuch der Soziologie，フィアカントの編集により刊行.

1932(昭和7)
K. Dunkmann 没，1868〜.
G. Gurvitch, *L'Idée du droit social*.
M. Adler, *Lehrbuch der materialistischen Geschichtsauffassung*. Teil. II.
K. Jaspers, *Max Weber, Deutsche Wesen im politischen Denken im Forshen und Philosophieren*.
K. Mannheim, *Die Gegenwartsaufgabe der Soziologie*.
M. Ginsberg, *Studies in Sociology*.
Elliott & Merrill, *Social Disorganization*.
F.H. Giddings, *Civilisation and Society*.
小松堅太郎，社会構造の理論.；同，知識社会学批判.；新明正道，社会学序講.；同，知識社会学の諸相.；社会学研究会．知識社会学.

1933(昭和8)
G. Wallas 没，1858〜.
小林郁没，1881〜.
É. Dukheim, *La sociologie, in La science française*, I.
K. Dunkmann, *Soziologie der Arbeit*.
F. Oppenheimer, *System der Soziologie*. IV Bd. I.(IV Bd. 2, 34)
L.v. Wiese, System der *Allgemeinen Soziologie*.
F.H. Allport, *Institutional Behavior*.
C.A. Ellwood, *Methods in Sociology*.
戸田貞三，社会学講義案II；同，社会調査.；鈴木栄太郎，農村社会学史.；清水幾太郎，社会学批判序説.
日本社会学会より『年報社会学I』「理論と実践」刊行さる.

1934(昭和9)
J.M. Baldwin 没，1861〜.
M. Weber, *Jugenbiefe*.
M. Ginsberg, *Sociology*.
R. Benedict, *Patterns of Culture*.
L.L. Benedict, *The Fields and Methods of Sociology*.
E.S. Bogardus, *Leader and Leadership in Sociology*.

G.H. Mead, *Mind, Self and Society.*
J.L. Moreno, *Who shall survive?*
F. Znaniecki, *The Method of Sociology.*
早瀬利雄，現代社会学批判．；松本潤一郎，社会学論及学説．；難波紋吉，社会学要義．；高田保馬，国家と階級．；戸田貞三，家族と婚姻，
Collection de *L'Année Sociologique* 刊行さる．(〜1942)
Kölner Vierteljahrshefte fur Soziologie 最終刊．

1935(昭和10)
C. Bouglé, *Bilan de la sociologie française contemporaine.*
G. Gurvitch, *L'Expérience Juridique et la philosophie Plrariste du droit.*
L. Lévy-Bruhl, *La mythologie Primitive.*
K. Mannheim, *Mensch und Gesellschaft in Zeialter des Umbaus.*
A. Weber, *Kulturgeschichte als Kultulsoziologie.*
J.L. Gillin, *Criminology and Penology.*
Queen & Others, *Social Organization and Disorganization.*
K. Young, *Sourcebook for Sociology.*
今井時郎，社会学概論．；本田喜代治，コント研究．；小山栄三，新聞学．；松本潤一郎，社会学原論．：清水幾太郎，社会と個人（上巻）．；新明正道，社会学要講．；田辺寿利，コント実証哲学．
L.v. ヴィーゼのケルン社会学研究所閉鎖．

1936(昭和11)
H. Rickert 没，1863〜．
O. Spengler 没，1880〜．
F. Tönnies 没，1855〜．
R. Michels 没，1876〜．
A. Cuvillier, *Introduction à la sociologie.*
G. Duprat, *Esquisse d'un traité de sociologie.*
L. Lévy-Bruhl, *Morceaux choisis.* (nrf).
F. Tönnies, *Geist der Neuzeit.*
F. Tönnies, *Reine und Angewandte Soziologie* ; eine Festgabe für.
F.T. zu seinem 80 Geburtstage am 26 Juli 1935.
A. Vierkandt, *Familie Volk und in ihren gesellschaftlichen Lebensvorgangen.*
H. Laski, *Liberty in the Madern State.*
W. McDougall, *Psychoanalysis and Social Psychology.*
E.S. Bogardus, *Introduction to Social Research.*
H.W. Odum, *Southern Regions of the United States.*
W.I. Thomas, *Primitive Behavior.*
F. Znaniecki, *Social Action.*
Rulal Sociology 誌創刊，当初の編集は L. ネルソンが当る．
オランダ社会学会設立さる．(Nederlandsche Vereinigung).

1937(昭和12)	G. Gurvitch, *Morale théorique et la science des moeurs.* A. Goldenweiser, *Anthropolog.* T. Parsons, *The Structure of Social Action.* P.A. Sorokin, *Social and Cultural Dynamics,* 3 vols, 松本潤一郎，集団社会学原理．；戸田貞三，家族構成． *Public Opinion Quarterly* 誌および *Sociometry* 誌創刊さる． イタリア社会学会，設立．
1938(昭和13)	K,J. Kautsky 没，1854〜． W. McDougall 没，1871〜． N.I. Bucharin 処刑　1888〜． C. Bouglé, *Humanisme, sociologie, philosophie.* G. Gurvitch, *Essai de sociologie.* L. Lévy-Bruhl, *L'Experience mysthique et les chez les primitifs.* Th Litt, *Seldsterkenntnis des Menschen.* W. Sombart, *Vom Menschen.* Barnes & Becker, *Social Thought from Lore to Science,* vol. 2. F. Boas *General Anthropology.* H.W. Odum. *American Regionalism.* 有賀喜左衛門，農村社会の研究．；樺俊雄，世界観の問題．；加田哲二，人種・民族・戦争．；松本潤一郎，文化社会学原理， American Catholic Sociological Society 設立さる．
1939(昭和14)	S. Freud 没，1856〜． L. Lévy-Bruhl 没，1857〜． E.A. Westermarck 没，1862〜． Ginsberg & Others, *The Study of Sociology.* H.E. Barner, *Society in Transition.* E.W. Burgess, *Predicting Success or Failure in Marriage.* N. Elias, *Über den Prozeß der Zivilisation.* M.C. Elmer, *Social Research.* A. Kardiner, *The Individual and his Society.* G.A. Lundberg, *Foundations of Sociology.* H.W. Odum, *American Social Problems.* R.E. Park (ed.), *An Outline of the Principle of Sociology.* E.J. Ross, *Fundamental Sociology.* P.V. Young, *Scientific Social Surveys and Research.* Marx, *Grundrisse* (Rohentwurf), モスクワで刊行開始(〜1941)
1940(昭和15)	C. Bouglé 没，1870〜． A. Goldenweiser 没，1880〜． G. Gurvitch, *Eléments de sociologie juridique.* L.v. Wiese, *Homo Sum.* Barnes & others, *Contemporary Social Theory.*

社会学年表　*151*

	Ogburn & Nimkoff. *Sociology*, 2 vols. E.A. Ross, *New-Age Sociology*. L. Wirth, *A Decade of Social Science Research*. 清水幾太郎, 社会的人間論. ; 鈴木栄太郎, 日本農村社会学原理. *American Catholic Sociological Review* 誌, Gallagher によって創刊.
1941(昭和16)	W. Sombart 没, 1863〜. Elliott & Merrill, *Social Disorganization*. E.B. Reuter, *Handbook of Sociology*. P.A. Sorokin, *The Crisis of Our Time*. K. Young, *Personality and Problems of Adjustment*. 三木清（編）, 社会科学新辞典. ; 尾高邦雄, 職業社会学. ; 高島善哉, 経済社会学の根本問題.
1942(昭和17)	B. Malinowski 没, 1884〜. F. Boas 没, 1858〜. G. Gurvitch, *Sociology of Law*. W. Röpke. *Die Gesellschaftskrisis der Gegemwart*. H.E. Barnes, *Social Institutions*. L.L. Bernard, *Introduction to Sociology*. J.M. & J.L. Gillin, *Introduction to Sociology*. G.A. Lundberg, *Social Research*. R. MacIcver, *Social Causation*. D. Sanderson, *Rural Sociology and Rural Social Organizatiom*. P.A. Sorokin, *Man and Society in Calamity*. 岡田謙, 未開社会における家族.
1943(昭和18)	F. Oppenheimer 没, 1864〜. K. Mannheim, *Diagnosis of Our Time*. L.L. & Jessie Bernard, *Origins of American Sociology*. R. MacIver, *Toward an Abiding Peace*. H.W. Odum, *Race and Rumors of Race*. P.A. Sorokin, *Sociocultural Causality, Space, & Time*. 蔵内数太, 文化社会学. ; 田辺寿利, 言語社会学叙説.
1944(昭和19)	R.E. Park 没, 1864〜. T. Parsons ハーバード大学教授に昇格. 建部遯吾 没, 1871〜. B. Malinowski, *A Scientific Theory of Culture*. N.E. Miller, *Personality and Behavior Disorders*. P.A. Sorokin, *Russia and the United States*. 牧野巽, 支那家族研究. ; 新明正道, 社会学辞典.

1945(昭和20)	K. Mannheim ロンドン大学教育学部長に就任. Gurvitch & Moore, *Twentieth Century Sociology*. B. Malinowski, *The Dynamics of Cultural Change*. Burgess & Locke, *The Family, from Institution to Companionship*. K. Davis, *World Population in Transition*. R. Linton, *The Cultural Background of Personality*. *Journal of Social Issues* 誌創刊さる.
1946(昭和21)	C.A. Ellwood 没, 1873〜. 遠藤隆吉没, 1874〜. 米田庄太郎没, 1873〜. Ch. Blondel, *Introduction à la Psychologie collective*. F. Meinecke, *Die deutsche Katastrophe, Betrachtungen und Erinnerungen*. A. Weber, *Abschied von der bisherigen Geschichte*. R.T. La Piere, *Sociology*. Smith, Lasswell & Casy, *Propaganda, Communication and Public Opinion*. K. Young, *Handbook of Social Psychology*.
1947(昭和22)	K. Mannheim, 亡命地ロンドンにて急逝, 1893〜. W.I. Thomas 没, 1893〜. 松本潤一郎没, 1893〜. A. Cuvillier, *Les courants irrationaliste dans la philosophie contemporaine*. M. Mauss, *Manuel d'ethnographie*. M. Ginsberg, *Reason and Unreason in Society*. Allport & Postman, *The Psychology of Rumor*. H. Cantril, *Gauging Public Opinion*. F.s. Chpin, *Experimental Designs in Sociological Research*. J.F. Cuber, *Sociology, A Synopsis of Principles*. H.P. Fairchild, *Race and Nationality*. R. MacIver, *The Web of Government*. M.F. Nimkoff, *Marriage and the Family*. H.W. Odum, *The Way of the South*. H.W. Odum, *Understanding Sociology*. P.A. Sorokin, *Society, Culture and Personality*. F.H. Sutherland, *Principle of Criminology*. R.M. Williams, *The Reduction of Intergroup Tensions*. 鈴木栄太郎・喜多野清一, 日本農村社会調査法. *Humah Relations* 誌創刊さる.
1948(昭和23)	G. Gurvitch, *Initiation aux rec herches sur sociologie de la connaissance. fasc.* I.

E. Rothacker, *Die Schichten der Persönlichkeit.*
H.E. Barnes, *An Introduction to the History of Sociology.*
H.E. Barnes, *Historical Sociology.*
L.W. Doob, *Public Opinion and Propaganda.*
R.E.L Faris, *Social Disorganization.*
E.F. Frazier, *The Negro Family in the United States.*
Krech & Crutchfield, *Theory and Problem of Social Psychology.*
J.M. & J.L. Gillin, *Cultural Social Psychology.*
福武直, 社会学の現代的課題.；民族文化調査会, 社会調査の理論と実際.；坂田太郎, イデオロギー論の系譜.；清水幾太郎, 社会学講義. 田辺寿利編, 社会学体系（全九冊）.；武田良三, 知識社会学の展開.；東京社会学研究所, 現代の社会学（全四冊）.

1949（昭和24）

H. Lévy-Bruhl, (éd.), *Les carnets de Lucien Levy-Bruhl.*
The. Geiger, *Aufgaben und Stellung der Intelligenz in der Gesellschaft ; Do, Die Klassengesellschaft im Schmelztiegel.*
K. Davis, *Human Society.*
M.E. Jones, *Basic Sociological Principles.*
R. MacIver & Page, *Society, An Introductory Analysis.*
R.K Merton, *Social Theory and Social Structure.*
T. Parsons, *Essays in Sociological Theory.*
Taylor & others, *Rural Life in the United States.*
E.T. Thompson, *Race and Region.*
W. Schrramm, (ed.), *Mass Communications.*
福武直, 日本農村の社会的性格.；本田喜治, フランス近代社会思想の成立.；樺俊雄, 歴史社会学の構想.；牧野巽, 近代中国家族研究.；尾高邦雄, 社会学の本質と課題.
　国際社会学会（ISA）初代臨時会長にL. Wirth（USA）就任, 副会長はG. Davy（仏）, M. Ginsberg.

1950（昭和25）

M. Mauss 没, 1872～.
O. Spann 没, 1878～. J.
J. Schumpeter 没, 1884～.
H. Laski 没, 1893～.
A. Guvillier, *Manuel de sociologie*, 2 tomes.
G. Gurvitch, *La vocation actulle de sociologie.*
M. Mauss, *Sociologie et anthropologie.*
B. Balacz, *Der sichtbare Mensch. Eilmbra maturgie.*
G. Mosca, *Die herrschende Klasse.*
T.M. Newcomb, *Social Psychology.*
R.E. Park, *Race and Culture.*
K. Mannheim, *Freedom, Power and Democratic Planning.*
　L. Wirth, 国際社会学会初代会長に就任（－1952）
　副会長には, Davy, Ginsbengのほか F. de Azebedo（ブラジ

154

ル）が加わり，3人制となる．
日本社会学会機関誌として，新たに『社会学評論』を創刊．

1951(昭和26) | E.A. Ross 没, 1866〜.
A. Weber, *Prinzipien der Geschicht-und Kultursoziologie*.
R. Hill. *The Family : A Dynamic Interpretation*.
Martindale & Monachesi, *Elements of Sociology*.
H.W. Odum, *American Sociology : the Story of Sociology in the U.S. through* 1950.
T. Parsons, *The Social System*.
樺俊雄, 文化社会学．; 本田喜代治, 社会思想史．; 清水幾太郎, 社会心理学．; 新明正道, 社会学史．

1952(昭和27) | J. Dewey, 1859〜.
M. Adler 没, 1873〜.
L. Wirth 急逝, 1897〜.
T. Geiger 没, 1891〜.
M.J. Levy, *The Structure of Society*.
A.R. Radcriffe-Brown, *Structure and Function in Primitive Society*.
T.M. Newcomb & W.W. Charters, *Social Psychology*.

1953(昭和28) | A. Vierkandt 没, 1867〜.
Y.V.D. Stalin 没, 1879〜.
H.J. Eysenck, *The Psychology of Politics*.
H. Gerth & C.W. Mills, *Character and Social Structure*.
T. Parsons, R.R. Bales & E.A, Shils., *Working Papers in the Theory of Action*.
R. Bendix & S.M. Lipset (ed), *Class, Status and Power*.
D. Cartwright & A. Zander (ed), *Group Dynamics*.
国際社会学会会長に R.C. Angell (USA) 選出 (−1956), 副会長のうち Azebedo は L. v. Wiese に交代.

1954(昭和29) | C. Brinkmann 没, 1855〜.
R. Thurnwald 没, 1869〜.
A.W. Gouldner, *Patterns of Industrial Bureaucracy*.
D. Katz & D. Cartwright, *Public Opinion and Propaganda*.
T. Parsons, *Toward a General Theory of Action*.
G. Lindzey (ed), *Handbook of Social Psychology* 2 vols.
T. Parsons, *Essays in Sociological Theory* (rvd. ed),
新明正道, 社会学史概説．; 早瀬・馬場編, 現代アメリカ社会学．; 清水幾太郎他編, マス・コミュニケーション講座 (〜1955) 6巻．; 磯村英一, 社会病理学．

社会学年表　　*155*

1955(昭和30)	J. Ortega y Gasset 没, 1883〜. H.W. Odum, *American Sociology*.　P. Blau, *The Dynamics of Bureaucracy*. W Bernsdorf & Bulow (hrsg), *Worterbuch der Soziologie*. R. Arson, *L'opium des Intellctuels*. E. Fromm, *The Sone Society*. E. Katz & P.F. Lazarsfeld, *Personal Influence*. T. Parsons, R.F. Bales & others, *Family, Socialization and Interaction*. T.W. Adorno, *Prismen ; Kulturkritik und Gesellschaft*. M. Albwachs, *L'esquisse d'nne psychologie des classes sociales*. A. Weber, *Bemerkngen zur sogenannte Konstellationssoziologie*. 大塚久雄，共同体の基礎理論．；小口偉一，宗教社会学．
1956(昭和31)	R. Bendix, *Work and Authority in Industry*. L.A. Coser, *The Functions of Social Conflict*. P.M. Blau, *Bureaucracy in Modern Society*. T. Parsons & N.J. Smelser, *Economy and Society*. C.W. Mills, *The Power Elite*. K. Mannheim, *Essays on the Sociology of Culture*. 　国際社会学会会長にG. Friedmann（仏）選出（－1959），副会長にはL. C. Pinto（ブラジル），A. den Hollander（オランダ），H. Z. ülken（トルコ）．
1957(昭和32)	W.H. Whyte, *The Organization Man*. R.H. Merton, *Social Theory and Social Structure* (rvd. ed). S. Ossowski, *Struktura Klasowa W spolecznej Swiadomosci*. R. Dahrendorf, *Soziale Klassen und Klassenkonflikt in der industriellen Gesellschaft*. K. Mannheim, *Systematic Sociology*. H. Becker & A. Boskoff (ed), *Modern Sociological Theory*. N.S. Timasheff, *Sociological Theory. Its Nature and Growth* (rvd. ed). 鈴木栄太郎，都市社会学原理．；川島武宜，イデオロギーとしての家族制度．
1958(昭和33)	A. Weber 没, 1868〜. F. Znanieki 没, 1882〜. R. Bendix & S.M. Lipset, *Social Mobility in Industrial Society*. G. Gurvitch, *La multiplicité des temps sociaux*. G. Myrdal, *Value in Social Theory*. D. Lockwood, *The Blackcoated Worker*.

福武直他編, 社会学辞典.；福武直他編, 講座社会学(1957～)完.

1959(昭和34)　W.F. Ogburn 没, 1886～.
H. Becker 没, 1899～.
W. Kornhauser, *The Politics of Mass Society*.
S.M. Lipset, *Political Man*.
R.K. Merton, L. Broom, L.S. Cottrell(ed), *Sociology Today*.
E. Goffman, *The Presentation of Self in Everyday Life*.
C.W. Mills, *The Sociological Imagination*.
　　国際社会学会会長に T. H. Marshall（英）選出,（－1962）.
副会長は R. König（独）, D. P. Mukerji（インド）, S. Ossowski（ポーランド）.

1960(昭和35)　S.A. Stouffer 没, 1900～.
A.L. Krober 没, 1876～.
C. Kluckhohn 没, 1905～.
小松堅太郎没, 1894～.
　D. Bell, *The End of Ideology*.
　D. Cartwright, A.F. Zander (ed), *Group Dynamics*.
　R. Bendix, *Max Weber－an Intellectual Portrait*.
日高六郎, 現代イデオロギー.；高橋徹編, 世論.

1961(昭和36)　W. Mitscherlich 没, 1877～.
岩崎卯一没, 1891～.
　B. Wilson, *Sect and Society*.
　J. Rex, *Key Problems of Sociological Theory*.
　G.C. Homans, *Social Behavior*.

1962(昭和37)　C.W. Mills 没, 1916～.
F. Bülow 没, 1890～.
田辺寿利 没, 1894～.
　P.M. Blau & W.R. Scott, *Formal Organization*.
　W.J.H. Sprott, *Human Groups*.
　N.J. Smelser, *Theory of Collective Behavior*.
　　国際社会学会会長に R. König（独）選出,（－1966）. 副会長は H. Bulmer (USA), G. Germani（アルゼンチン）, R.Treves（イタリア）.

1963(昭和38)　J. Plenge 没, 1874～.
S. Ossowski 没, 1897～.
A. Rüstow 没, 1885～.
A. Schelting 没, 1894～.
　W.G. Runciman, *Social Science and Political Theory*.
　J. Ortega y Gasset, *Man and People*.
福武・日高監修；現代社会学講座6巻（～1964完）.

1964（昭和39）	A. Inkels, *What is Sociology?* W.J. Goode, *The Family.* N. Anderson (ed), *Urbanism and Urbanization.* T.B. Bottomore, *Elites and Society.* 中野卓，商家同族団の研究.；間宏，日本労務管理史研究.
1965（昭和40）	G. Gurvitch 没，1894〜. D. Easton, *A Framework for Political Analysis.* T.E. Lasswell, *Class and Stratum.* V.A. Thomson, *Madern Organization.* 　国際社会学会会長に Jan Szezepanski（ポーランド）選出（−1970）．副会長は R. Aron（仏），R. Bendix (USA), S. Rokkan（ノルウェー）．
1966（昭和41）	鈴木栄太郎 没，1894〜. S.N. Eisenstadt, *Modernization.* T. Parsons, *Societies ; Evolutionary and Comparative Perspectives* (2nd ed.). R. Nisbet, *The Sociological Tradition.* 有賀喜左衛門著作集刊行開始.
1967（昭和42）	G.C. Homans, *The Nature of Social Science.* T. Mitchel, *Sociological Analysis and Politics.* L.A. Coser (ed), *Political Sociology.* T. Parsons, *Sociological Theory and Modern Society.* R.J. Merton, *On Theoretical Sociology.* H. Garfinkel, *Studies in Ethnomethodology.* S.M. Lipset, *Revolution and Counterrevolution.* 日本教育社会学会編，教育社会学辞典. 新明正道，社会学的機能主義.
1968（昭和43）	P.A. Sorkin 没，1889〜. S. Landshut 没，1897〜. J. Goldthope & D. Lockwood, *The Affluent Worker*, 3 vols, (〜1969) A. Etzioni, *The Active Society.* T. Parsons (ed), *American Sociology.* G.D. Mitchell, *A Dictionary of Sociology.* D.L. Sills, A. Johnson, W.A. Wallis (ed), *International Encyclopedia of Social Sciences*, 17 vols. 福武直，社会学の方法と課題.；新明正道，綜合社会学の構想；鈴木栄太郎著作集刊行開始.
1969（昭和44）	L.v. Wiese 没，1876〜. H. Freyer 没，1887〜.

	岡田謙 没, 1906〜. Alan Touraine, *La société post-industrielle.* H. Blumer, *Symbolic Interactionism.* N. Elias, *Die höfische Gesselschaft.*
1970(昭和45)	A. Gouldner, *The Coming Crisis of Western Sociology.* 国際社会学会会長に R. Hill (USA) 選出 (-1974). 副会長に T. B. Bottomore (英), J. Ochavkov (ブルガリア), A. E. Solari (チリ).
1974-78	国際社会学会会長に Tom Bottomore (英). 副会長に A. Abdel-Malek (エジプト), U. Himmelstrand (スウェーデン), A. Touraine (仏).
1978-82	国際社会学会会長に U. Himmelstrand (スウェーデン). 副会長は F. H. Cardoso (ブラジル), M. Sokolowska (ポーランド), R. Turner (USA).
1982-86	国際社会学会会長に F. H. Cardoso (ブラジル). 副会長に J. Dofny (カナダ), K. Momdjan (ソ連), J. Watanuki (日本).
1986-90	国際社会学会会長に M. Archer (英, 女性). 副会長に W. Dumon (ベルギー), A. Meier (東独), E. Фyen (ノルウェー).
1990-94	国際社会学会会長に T. K. Oommen (インド). 副会長に D. Bertaux (仏), N. Smelser (USA), V. Yadov (ソ連).
1994-98	国際社会学会会長に I. Wallerstein (USA). 副会長4人制となり, 研究委員会担当が S.R. Quah (シンガポール), プログラム担当が A. Martinelli (イタリア), 会員・財政担当が J. Hartmann (スウェーデン), 出版担当が J. A. Beckford (英).
1998-2002	国際社会学会会長に A. Martinelli (前副会長, ミラノ大学), 副会長・プログラム担当に P. Sztompa (ポーランド), 研究委員会担当に A. Sales (カナダ), 出版担当に C. Inglis (オーストラリア), 会員・財政担当に J. Diez-Nicolas (スペイン).

国際社会学会の研究諸団体の公認・存続年次
Research Committees, Working Groups, Thematic Groups : Dates of existence.

	1959	1962	1966	1970	1974	1978	1982	1986	1990
Social Stratification and Mobility	×	×	×	×	×	×	×	×	×
Family	×	×	×	×	×	×	×	×	×
Mass Communication/ '78 Communication, Knowledge and Culture	×	×	×	×	×	×	×	×	×
Psychiatric/ '65 Social Psychology/ '75 Mental Health	×	×	×	×	×	×	×	×	×
Religion	×	×	×	×	×	×	×	×	×
Industrial/ '66 Work & Organisation*	×	×	×	×	×				
Urban-Rural/ '66 Urban	×	×	×	×					
Medicine/ '86 Health		×	×	×	×	×	×	×	×
Law		×	×	×	×	×	×	×	×
Leisure		×	×	×	×	×	×	×	×
Political		×	×	×	×	×	×	×	×
Armed Forces.../'80 Armed Forces and Conflict Resolution				×	×	×	×	×	×	×
New Nations/ '68 National Development/c.'70 National Movements and imperialism				×	×	×	×	×	×	×
Science/ '93 Science and Technology				×	×	×	×	×	×	×
Sociolinguistics				×	×	×	×	×	×	×
Sport				×	×	×	×	×	×	×
Knowledge				×	×				
Poverty, Social Welfare and Social Policy					×	×	×	×	×	×
Regional and Urban Development					×	×	×	×	×	×
Time Use Research					×	×	×	×	×	×

	1959	1962	1966	1970	1974	1978	1982	1986	1990
Aspirations, Needs and Development				×	×				
International Relations				×	×				
Alienation Theory and Research					×	×	×	×	×
Deviance and Social Control					×	×	×	×	×
Education					×	×	×	×	×
Ethnic, Race and Minority Relations					×	×	×	×	×
Futurology/ '74 Futures Research					×	×	×	×	×
History of Sociology					×	×	×	×	×
Innovative Processes in Social Change/ c.'80 Social Practice and Social Transformation					×	×	×	×	×
Logic and Methodology					×	×	×	×	×
Migration					×	×	×	×	×
Organisation					×	×	×	×	×
Social Ecology/ '92 Environment and Society					×	×	×	×	×
Sociotechnics/ '88 Practice					×	×	×	×	×
Sex Roles/ '80 Women in Society					×	×	×	×	×
Work					×	×	×	×	×
Aging						×	×	×	×
Conceptual and Terminological Analysis						×	×	×	×
Economy and Society						×	×	×	×
Participation and Self-Management						×	×	×	×
Youth						×	×	×	×
Arts							×	×	×
Biography and Society							×	×	×

	1959	1962	1966	1970	1974	1978	1982	1986	1990
Labour Movements in the Industrial and State Arenas							×	×	×
Agriculture								×	×
Clinical								×	×
Comparative								×	×
Disasters								×	×
Famine and Society								×	×
Housing and Built Environment								×	×
Population								×	×
Social Indicators								×	×
Social Psychology								×	×
Sociocybernetics and Social Systems Theory								×	×
International Tourism									×
Rational Choice									×
Social Classes and Social Movements									×
Theory									×

出所) J. Platt, *A BRIEF HISTORY OF THE ISA : 1948-1997*, ISA, 1998, pp. 60-2

Who's Who in the World, 1999〜2005

凡　例

　このリストは Marquis 社の *Who's Who in the World*, 1999, 2000, 2001 editions に収められている社会学者の中から，教育・研究両面において国際的に貢献してきた人物を選び出したものである。したがって，このリストに漏れている学者も当然あるわけであるが，それは主に次のような理由による。

［１］Marquis 社は，同書以外にも *Who's Who in America*（英語），*Who's Who in France*（フランス語），*Who's Who in Germany*（ドイツ語）といった紳士録を定期的に刊行しており，重複して掲載されるとしても，ロバート・マートンといった著名人に限られる。
［２］ただし，ここに掲載されている人は，ロシアの学者を除いて，私の場合も国際的学術雑誌のレフェリーを務めていたり，国際的貢献を無視できない人びとである。特に1974−86年の，国際社会学会の改革期に会長を務めた人は，故人のトム・ボットモア（本書 p.107）は別として，すべてここに収められている。
［３］重要人物でありながら，市販の社会学辞典には載っていない人も，このリストに載っているというメリットがある。個人に関する記事の分量が少ない人は，このリストから除外されている。1回だけ掲載された人までを入れても，選択にかなりの偶然が作用する可能性は否定できない。
［４］このような基準で選んでみると，適格者は20名に満たなかった。ただしこの選択は，序文にも記したとおり，1970年以降の社会学の多様な展開の一端を示すためであった。
　　　以下，人名（姓，名），略歴，著作の順に示す。

CARDOSO, FERNANDO HENRIQUE (1999, 2000〜2005)

- 1931 リオ・デ・ジャネイロ生まれ
- 1949 サンパウロ大学社会科学部入学
- 1962 サンパウロ大学で博士号取得
- 1964 サンパウロ大学に採用後, 4月のクーデターでチリに亡命
- 1967 パリ大学ナンテール校客員教授
- 1968 サンパウロ大学に復職
- 1969 ブラジル社会分析・計画センター (CEBRAP) 設立
  以後 1973年のクーデターまで,再三チリのILPES (ラテン・アメリカ社会・経済計画研究所) に招かれ, 若手社会学者の教育に従事。
  (上記と著書のリストは, Joseph A. Kahl, *Modernization, Exploitation, and Dependency in Latin America*, 1976による)
- 1978 国際社会学会副会長 (-1982)
- 1982 国際社会学会会長 (-1986)
- 1983 サンパウロ選出上院議員 (-1992)
- 1992 ブラジル共和国外務長官 (-1993)
- 1993 ブラジル共和国財務長官 (-1994)
- 1995- ブラジル共和国大統領
- 著書 [With Octavio Ianni] Cor e Mobilidadade Social en Florianapolis, 1960 ; [With Octavio Ianni] Homen en Sociedade, 1861 ; Capitalismo e Escrividao no Brasil Meridional 1962 ; Empresario Industrial e Desenvolvimento Economico no Brasil, 1964 ; Cuestiones de Sociologia Desarrollo de America Latina, 1968 (French trans. 1969) ; Mudancas Sociais na America Latina, & [With Enzo Falletto] Dependencia y Desarrollo en America Latina, 1969 ; [Ed. with F. C. Weffort] America Latina : Ensayos de Interpretacion Sociologica-Politica, 1970 ; Politica e Disenvolvimentoem Sociedades Dependentes, 1971 (Spanish & French trans. 1971) ; O Modelo Politico Brasileiro, & Estado y Sociedad en AmericaLatina, 1973 ; Dependency and Development in Latin America [tr. from Dependencia y Dessarrollo en America Latina], 1978

DAHRENDORF, LORD RALF GUSTAV （1999, 2000～2005）
- 1929　ハンブルク生まれ
- 1952　ハンブルク大学哲学博士
- 1954　ロンドン大学（LSE）哲学博士
- 1957　ザール大学（ドイツ）私講師
- 1958　ハンブルク大学教授
- 1960　チュービンゲン大学教授
- 1966　コンスタンツ大学教授・社会科学部長
- 1969　ドイツ連邦議会議員（-1970）
- 1970　EC委員会委員（-1974）
- 1974　ロンドン大学（LSE）学部長（-1984）
- 1987　オックスフォード大学セント・アントニーズ・カレッジ学長（-1997）
叙爵 [Order of the British Empire]，貴族院議員に
- 著書　Marx in Perspective, 1953 ; Industrie-und Betriebssoziologie, 1956 ; Class and Class Conflict, 1959 ; Gesselschaft und Demokratie in Deutscheland, 1965 ; Pfade aus Utopia, 1967 ; Essays in Theory of Society, 1968 ; Konflikt und Freiheit, 1972 ; The New Liberty, 1975 ; Life Chances, 1980 ; On Britain, 1982 ; Die Chancender Krise, 1983 ; The Modern Social Conflict, 1988 ; Reflections on the Revolution in Europe, 1991 ; LSE : A History of London School of Economics 1895-1995, 1995.

EISENSTADT, SAMUEL NOAH （1999 ONLY）
- 1923　ワルシャワ生まれ
- 1944　イェルサレム・ヘブライ大学で学位取得（MA）
- 1947　ヘブライ大学で博士号取得
- 1951　ヘブライ大学社会学部長（-1969）
- 1958　オスロ大学客員教授
- 1959-　ヘブライ大学教授
- 1960　シカゴ大学客員教授（1970年も）
- 1968　ハーヴァード大学客員教授（1975-81年も）
- 1984　スタンフォード大学客員教授（1986-9年も）

著書 The Absorption of Immigrants, 1955, 2nd edn., 1978 ; Trom Generation to Generation, 1956, 2nd edn., 1970 ; Essays on Sociological Aspects of Political and Economic Development, 1961 ; The Political System of Empires, 1963, 1969 ; Modernization : Protest and Change, 1966 ; Israeli Society, 1968 ; 近代化の政治社会学（Japanese）1968 ; Tradition, Change and Modernity, 1975 ; Transformation of Israeli Society, 1985 ; European Civilization in a Comparative Perspective, 1987, etc.

FIRSOV, BORIS MAXIMOVICH (1999 ONLY)
1929 サルスク（ロシア）生まれ
1954 レニングラード大学電子工学修士
1962 レニングラード TV ディレクター（-1966）
1969 ソ連科学アカデミー・社会学調査部長（-1975）
1974 タンペレ大学（フィンランド）客員教授
1975 ソ連科学アカデミー・社会経済問題研究所長（-1984）
1984 民族誌学研究所長（1995）
1993 ハノーヴァー音楽・演劇大学客員教授
1996- ヨーロッパ大学ザンクト・ペテルスブルク校長
著書 Television from a Sociologist's Vision, 1972 ; Ways of Development of Mass Media, 1977 ; [author, editor] On Qualitative Characteristics of the St. Petersburg Population, 1996.

GUBERT, RENZO (1999, 2000)
1944 イタリア生まれ
1969 トレント大学社会学修士
1974 ミラノ・カトリック大学教授（-1982）
1980- トレント大学教授
1990 パリ社会科学高等学院客員教授
1992- Annali di Soziologia-Soziologisches Jahrbuch 編集
1994 イタリア下院議員
1996- イタリア上院議員
著書 La Situazione Confinaria, 1972 ; L'Identificazione Etnica, 1976 ; [co-author, editor] L'Appartenenza Territoriare Tra Ecologia E Cultura, 1992

HEINZ, WALTER RICHARD (1999 ONLY)
- 1939　ミュンヘン生まれ
- 1964　ミュンヘン大学から修士号取得
- 1964　ミュンヘン大学助教授（－1965）
- 1965　カリフォルニア大学（バークレイ）助教授
- 1967　レーゲンスブルク大学助教授
- 1969　レーゲンスブルク大学社会学博士
- 1972-　ブレーメン大学社会科学部教授
  　　　この間，カナダの諸大学に客員教授として出講
- 1998-　ケルンの ISO (Inst. of Soc. Opportunities) 所長
- 編著　Work, Personality, Socialization, 1978 ; Youth and Labor Market 1985 ; Theoretical Advances in Life Course Research, 1991 ; Life Course and Social Change : Comparative Perspectives, 1991 ; Institutions and Gatekeeping in the Life Course, 1993 ; Life, Occupation and the Life Course, 1995 ; From Education to Work : Cross-National Perspectives, 1998

HIMMELSTRAND, J. Ulf I. (1999, 2000〜2005)
- 1924　インド生まれ（1935年スウェーデンに移住）
- 1948　ウプサラ大学卒業
- 1960　ウプサラ大学博士号取得，助手に（－1969）
- 1964　イバダン大学教授（ナイジェリア，－1967）
- 1969　ウプサラ大学教授
- 1974　国際社会学会副会長（－1978）
- 1978　国際社会学会会長（－1982）
- 1989　ウプサラ大学名誉教授
- 著書　The Civil War Nigeria-Biafra (in Swedish) 1969 ; [editor] Africa Reports on the Nigerian Crisis 1978 ; Beyond Welfare Capitalism 1981 ; Interfaces in Economic and Social Analysis, 1992 ; [coeditor] African Perspectines on Development, 1994

KAESLER〔Käsler〕, DIRK R. (1999 ONLY)
- 1944　ドイツ・ウィスバーデン生まれ
- 1972　ミュンヘン大学卒，助教授に
- 1984　ミュンヘン大学準教授・ハンブルク大学教授を兼任（－1995）

1995- マールブルク大学教授, 国際社会学会 社会学史研究委員会委員長
著書 Sociology and Ethnology, 1971 ; Wege in die Sociology Theory, 1974 ; Revolution und Veralltaglischung, 1977 ; Klassiker des Soziologie Denkens, 2 vols. 1978 ; Soziologie Abenteuer, 1985 ; Der Politische Scandal, 1991 ; Sociology Responds to Fascism, 1992 ; Aushandein und (proto-) politische Communikation, 1994 ; Max Weber, 1995 ; Soziologie als Berufung, 1997

KAJITANI, MOTOHISA (1999, 2000〜2005)
〔Who's Who in the World, 2002の初校から抜粋〕
- 1937 Born in Gifu, Japan
- 1961 School of Infomation, Univ. Tokyo
  〔equi valant status to Low School〕
- 1964 MA, Kyoto Univ. (Japan)
- 1972 Non-resident Member, Queen Elizabeth House, Oxford (−1974)
- 1981 Associate Editor, History of Sociology (Boston, −1987)
- 1990 Visiting Professor, Dept. of Sociology, UCLA
- 1991 Chairman, Meijo Univ. Library (−2001)
- 1997 Awarded Life Membership from International. Sociological Assoc.
- 1999 Outstanding Achievement Award in Education, Cambridge, England
- 2002 Univ. Professor, Meijo Univ.
- 著書 ［以下英文の論文を含む著書のみを記載（本書を除く）］
  ［大英帝国とインド］−Press and Empire, 1981 ;
  ［社会学グローバル］−Sociologie Globale 1987 ［中久郎との共編で］;
  ［社会学とヨーロッパ］−Emerging Sociology, 1993, etc.

MASINI, ELEONORA BARBIERI (1999, 2000〜2005)
- 1928 グァテマラ生まれ
- 1952 ローマ大学文学博士
- 1964 ローマ大学社会学博士
- 1972 ユネスコ・イタリア女性センター主任 (−1978)
- 1977- ローマ・グレゴリオ大学社会予測研究所教授
- 1980 世界未来研究会会長 (−1989)
- 1990- ローマ・グレゴリオ大学人間生態学講座教授
- 著書 Space for Man, 1972 ; Social and Human Forecasting, 1973 ; Social

Indicators and Forecasting, 1977 ; Visions of Desirable Societies, 1983 ; Women, Households and Change, 1991 ; Why Future Studies ? 1993 ; The Futures of Cultures, 1994

MERTON, ROBERT K. (1999, 2000〜2004)

- 1910　フィラデルフィア生まれ
- 1931　テンプル大学卒業
- 1932　ハーヴァード大学で修士号取得
- 1936　ハーヴァード大学哲学博士，チューターに任命さる（-1939）
- 1941　コロンビア大学助教授・準教授（-1963）
- 1963　コロンビア大学・ギデインクス教授（-1979）
- 1980　ハーヴァード大学より名誉文学博士号を受ける
- 1986　オックスフォード大学名誉文学博士号受賞
  　　　ベルギー・ゲント大学科学史担当教授（-1988）
- 1996　ボローニヤ大学名誉政治学博士号受賞（2004年死去）
- 著書　Science, Technology and Society in 17th Century England, 2nd edn. 1970 ; Mass Persuasion, 2nd edn. 1971 ; Social Theory and Social Structure, rev. edn. 1968 ; On the Shoulders of Giants, 1965 (vicennial, 1985, post-Italianate 1993) ; On Theoretical Sociology, 1967 ; The Sociology of Science, 1973 ; Sociological Ambivalence, 1976 ; Sociology of Science : an Episodic Memoir, 1979 ; Social Research and the Practicing Professions, 1982 ; Opportunity Structure, 1995 ; On Social Structure and Science, 1996 ; [co-author] The Focused Interview, 3rd ed. 1990 ; Freedom to Read, 1957, etc.

REX, JOHN ARDERNE (1999 ONLY)

- 1925　南アフリカに生まれる
- 1947　ローズ大学（南アフリカ）卒業
- 1956　リーズ大学（イングランド）哲学博士
- 1949　リーズ大学講師（-1962）
- 1962　バーミンガム大学講師（-1964）
- 1964　ダラム大学（イングランド）教授（-1970）
- 1964　イギリス社会学会会長（-1966）
- 1970　ウオーリック大学（イングランド）教授（-1990）
- 1990-　ウオーリック大学名誉教授

著書　Key Problems of Sociological Theory, 1961 ; Race Relations in Sociological Theory, 1971 ; Sociology and the Demystification of the Modern World, 1973 ; Race and Ethnicity, 1983 ; Ethnic Minorities in the Modern Nation State, 1996

SCHWARTZ, RICHARD DERECKTOR (1999 ONLY)
1925　アメリカ・ニュアーク生まれ
1947　イエール大学卒業
1952　社会学でイエール大学博士号取得
1953　社会学・法社会学の助手・助教授（−1961）
1964　ノースウエスタン大学教授（−1971）
1966　LAW AND SOCIETY REVIEW を創刊，編集長（−69）
1971　ニューヨーク州立大学法学部長（−76）
1977-　シラキュース大学法学研究所教授
1990　中東対話のための全米協議機関議長（−93）
1995-　NESCO 専務理事
著書　［共著］Society and Legal Order, 1970 ; Criminal Law, 1974 ; Nonreactive Measures in the Social Sciences, 1980 ; Handbook of Regulation and Administrative Law, 1994

TURNER, BRYAN STANLEY (1999, 2000〜2005)
1945　バーミンガム（イングランド）生まれ
1966　リーズ大学（イングランド）卒業
1970　リーズ大学哲学博士
　　　［その後スコットランドのアバディーン，ランカスター大学等に勤務］
1982　フリンダーズ大学（オーストラリア）教授（−1988）
1988　ユトレヒト大学教授（−1990）
1990　エセックス大学教授（−1993）
1993-　デイーキン大学（オーストラリア）教授・社会学部長（−1998）
1998　ケンブリッジ大学教授（−2005）
2005-　シンガポール国立大学教授
編著　Citizenship and Social Theory, 1993 ; Blackwell Companion to Social Theory, 1996 ; The Making of Sociology, 1996 ; The Body and Society, 1996 ; The New Midical Sociology, 2004.

WALLERSTEIN, IMMANUEL （2000 ONLY）

1930	ニューヨーク生まれ
1951	コロンビア大学卒業，兵役に就く（-1953）
1959	コロンビア大学学術博士
1958	コロンビア大学で教職につく（-1971）
1971	マギル大学教授（モントリオール，-1976）
1976-	ビンガムトン大学（NY）特任教授
1976	パリ大学名誉博士
1977-	国際経済史研究所委員
1994	国際社会学会会長（-1998）
1995	ヨーク大学（トロント）文学博士
1996	ブリュッセル自由大学名誉博士
1998	メキシコ国立自治大学名誉博士
1999	リスボン高等科学大学名誉博士
著書	The Modern World-System Ⅰ, 1974；The Capitalist World Economy, 1979；The Modern World-System Ⅱ, 1980；The Modern World-System Ⅲ, 1989；Geopolitics and Geoculture : Essays on the changing World-System, 1991；Unthinking Social Science : The Limits of Ninteenth Century Paradigms, 1991；Historical Capitalism, with Capitalist Civilization, 1995；Utopistics or historical Choices of the Twenty-First Century 1998；The End of the Worls As We Know It : Social Science for the 21st Century, 1999；(with others) Open the Social Sciences : Report of the Gulbenkian Commission on the Reconstructing of the Social Sciences, 1996；(with T.K. Hopkins) The Age of Transition : Trajectory of the World-System, 1996, Utopistics, Or Historical Choices of the 21st Century, 1998.

人 名 索 引 （nは注を示す）

A

Abdel-Malek, A. 158
Alexander, J. 31
Amin, S. 8
Aron, R. 29
有賀長雄 67-68,71
Arrighi, G. 8

B

馬場辰猪 65,69-70
Bendix, R. 155
Bentham, J. 60,65
Berger, P. 36
Bottomore, T. 99-108,109-16
Bourdieu, P. 36
Braudel, F. 9
Burgess, E. 90-92

C

Cardoso, F.H. 6,19,105n,125,164
Comte, A. 41,53,81
Cooley, C.H. 52
Coser, L. 89

D

Dahrendorf, R. 79,165
Dilthey, W. 21,32,81
Dos Santos, T. 6,20
Durkheim, É. 25,47,48,49,72,79

E

Eisenstadt, S.N. 165
Elias, N. 36

F

Fenollosa, E. 60,63
Firsov, B.M. 166
Frank, A.G. 3-5,7-8,15-16,20

G

Giddens, A. 34n
Goffman, E. 36
Gottmann, J. 29
Gouldner, A. 28
Gubert, R. 166
Gurvitch, G. 42

H

Habermas, J. 30,36
Heinz, W.R. 167
Henderson, C.R. 87-88
Himmelstrand, J.U.I 158,167
Homans, G.C. 37,45,54,79

K

Käsler, D. 30,84,167
片山 潜 88-90
加藤秀俊 31-32
加藤弘之 59,60,63

L

Linton, R. 44
Lipset, S.M. 79,99,110-111

M

Maine, H.S. 44
Marshall, T.H. 99,105n
Marx, K. 79
Marini, R.M. 5
Masini, E.B. 168-69
松島 剛 65-67
Mead, G.H. 44
Merton, R.K. 43,79,124,169
Michels, R. 24,26,29

Mills, C.W. 36,46,79
Mommsen, W. 29,30,34

O

O'Brien, P. 16
奥井復太郎 92-93

P

Park, R.A. 91-92
Pareto, V. 30,37
Parsons, T. 27,29,36,44,56,72,79
Platt, J. 161

R

Radcliffe-Brown 43
Rex, J. 169-70

S

Schmoller, G.v. 24
Schwartz, R.D. 170
清水幾太郎 63-64,68,71-72,83-86,121-3
新明正道 84
Simmel, G. 24,44,47,55
Small, A. 87-89
Smith, A. 3
Sombart, W. 24
Spencer, H. 41,59,72,83
Stavenhagen, R. 7,19
Stein, L.v. 21,68

T

高田保馬 50,51,81-82
建部遯吾 81-82
Tarde, J.G. 45,47,82
Thomas, W.I. 90-91
Tönnies, F. 50,51
Touraine, A. 125
外山正一 60-63,68-69,72,81
Turner, B.S. 170
Turner, R. 91

V

Veblen, T. 43
Vincent, G.E. 89

W

Wallerstein, I. 9-10,14,16,171
Weber, M. 21-37,45,55,79
Wiese, L.v. 44,53
Williams, E. 9-11
Wirth, L. 79,92,153-54

Y

米田庄太郎 81-82

Z

Znaniecki, F. 90-91

著者紹介

梶谷　素久（KAJITANI, Motohisa）
　東京外国語大学講師，オックスフォード大学研究員，
　UCLA 客員教授などを経て
　国際社会学会（ISA）終身会員・名城大学大学院教授
　（総合学術研究科・法学部併任；本書168ページ参照）
著　書『ヨーロッパ新聞史』桜楓社，1969，新訂版1971，
　　　　3版1981，新版1991（絶版）
　　　『大英帝国とインド』第三文明社，1981（原題
　　　　Press and Empire）
共編著『現代社会学グローバル』御茶の水書房，1991.
編訳書『国際学会論集・社会学の歴史』学文社，1989.
　　　『社会学とヨーロッパ』おうふう社，1994.（J.
　　　　ランガーと共編．原著 *Emerging Sociology*,
　　　　1992）ほか

国際社会学と日本　A Step to International Sociology

2005年9月30日　第一版第一刷発行

　　　　著　者　　梶　谷　素　久 ©
　　　　発行所　　株式会社　学　文　社
　　　　発行者　　田　中　千　津　子
　　　　〒153-0064 東京都目黒区下目黒 3-6-1
　　　　電話 03(3715)1501(代)　00130-9-98842

　（落丁・乱丁の場合は，本社にてお取替します）
　（定価は，カバーに表示）　　　印刷／新灯印刷 ㈱
　　　　　ISBN 4-7620-1451-6　　　　　検印省略